JN234042

衣生活の科学 ―衣生活論―

編著：大野 静枝・石井 照子
共著：芦澤 昌子・工藤 千草・多田 牧子・棚橋ひとみ
　　　中橋美智子・山村 明子・渡辺 聰子

建帛社
KENPAKUSHA

序　文

　われわれ人類が，衣服を生活資材として取り入れるようになったのは原始時代に遡る。人類が進化の過程で四足から二足歩行になって前肢の自由な活動が可能となり，生活に必要な道具を発明したり，寒冷な気候への対応，身体の保護などに対応するために天然の材料を利用して衣服をつくり，実生活の必需品として大切に身につけてきた。衣生活は，この頃から始まったと考えてよいであろう。現在では，世界の人類は，民族を問わず，一部の裸族を除けば衣服を身体につけていないものはないまでになった。いまや衣服は，人類の重要な伴侶である。生活のための実用だけではなく身体の装飾品としての価値をもつものとなっている。

　このような衣生活は人類のみが営む"特別な行為・文化"として発展し続けている。他方，科学技術の発達は，被服素材である原料繊維の工業化と量産に発展し，その性能も天然繊維資材を凌ぐものを次々とつくり出してきた。さらに衣服の製作の技術は家庭製作から工業生産化され，多種多様な既製服が製作されるようになり，われわれは，何時でも何処でも衣服を手に入れることができるほどになった。まさに衣生活は被服の量産，たえない流行，それらの自由な選択によって，豊衣な生活形成時代となっている。

　このような豊かな衣生活は人の心に満ち足りた気分を与えてはいるが，一方において衣生活運営上，環境などとの関連において様々な問題も発生しつつあることを見逃してはならない。これらのことに対処するために科学的基礎知識の把握と常に衣生活の現状を分析しながら，衣生活の円滑な営みと有効な利用を考えて，真の衣生活のあり方を追求していくために，本書が参考になれば幸いである。

2000年3月　　　　　　　　　　　　　　　　　　　　　　　　著者一同

目　次

第 I 章　衣生活と衣生活文化の成立

1. 衣生活 ………………………………………………………（石井）1
    (1) 衣生活の内容 ……………………………………………………1
2. 被服の種類と語義 …………………………………………（山村）3
    (1) 被服の種別 ………………………………………………………3
    (2) ファッション用語 ………………………………………………4
3. 衣生活文化の成立 …………………………………………（山村）5
    (1) 服飾の起源 ………………………………………………………5
    (2) 服飾形態と表現 …………………………………………………7
    (3) 服飾文化と社会との関わり ……………………………………8
    (4) 服飾文化の交流と発展 ………………………………………14
4. 被服着用の目的と機能 ……………………………………（石井）15
    (1) 被服着用の目的 …………………………………………………15
    (2) 被服の機能 ………………………………………………………16

第 II 章　被服の選択

1. 被服の品質要求 ……………………………………………（山村）18
    (1) 被服の分類 ………………………………………………………18
    (2) 被服の性能と品質要求 …………………………………………21
2. 被服の選択 …………………………………………………（芦澤）26
    (1) 既製服の種類 ……………………………………………………26
    (2) 既製服のできるまで ……………………………………………27
    (3) 既製服の選択と購入 ……………………………………………30
3. 既製服のサイズ ……………………………………………（芦澤）31
    (1) 既製衣料サイズの種類 …………………………………………31
4. 身体の計測 …………………………………………………（芦澤）39

	(1) 直接計測法	39
	(2) 間接計測法	41
5.	既製服の品質表示 (芦澤)	42
	(1) 繊維の組成表示	42
	(2) 品質保証マーク	43

第III章 被服の素材

(多田)

1.	被服の素材と種類	45
	(1) 繊　維	46
	(2) 糸の種類と形態	59
	(3) 布地の構成	60
2.	被服素材の染色・加工	65
	(1) 被服の染色	65
	(2) 染法の種類・染料と適用繊維	66
	(3) 被服地の仕上げ加工と特殊加工	68

第IV章 被服環境と安全性

1.	被服環境 (大野)	69
	(1) 被服環境	69
	(2) 体温調節	69
	(3) 衣服気候	73
	(4) 被服の保温効果	74
	(5) 被服による障害と安全性	78
2.	付属被服類の環境と安全性 (中橋)	80
	(1) 帽　子	80
	(2) 履き物	82
3.	衣服地の仕上げに伴う安全性 (大野)	87
	(1) 加工剤による化学的刺激	87
	(2) 表面仕上げと付属物による物理的刺激	88
	(3) 衣服形態と安全性	88

4. 寝床環境と寝具……………………………………………（棚橋）89
   (1) 寝床環境…………………………………………………… 91
   (2) 寝具の選び方……………………………………………… 91
5. 高齢者・障害者の衣服と安全性…………………………（渡辺）95
   (1) 高齢者の衣服……………………………………………… 95
   (2) 障害者の衣服……………………………………………… 98
   (3) 下衣衣服……………………………………………………102
6. 特殊衣服の機能と安全性…………………………………（石井）108
   (1) 防護服の基本的機能………………………………………108
   (2) 防寒服………………………………………………………108
   (3) 防暑服………………………………………………………110
   (4) 防火耐熱服…………………………………………………110
   (5) 防塵服……………………………………………………… 111
   (6) 化学防護服…………………………………………………111
   (7) 宇宙服………………………………………………………112
7. 衣生活と色彩………………………………………………（芦澤）113
   (1) 色の表示……………………………………………………113
   (2) 色の見えに影響するもの…………………………………116
   (3) 色と心理……………………………………………………118
   (4) 色と安全……………………………………………………120
   (5) 流行色………………………………………………………122

第Ⅴ章 被服の管理

（工藤）

1. 被服の汚れ……………………………………………………… 125
   (1) 汚れのつき方………………………………………………126
   (2) 汚れの成分と割合…………………………………………126
2. 日常の手入れ…………………………………………………… 128
   (1) 被服に関する取り扱い絵表示……………………………128
   (2) 家庭洗濯……………………………………………………129
   (3) 家庭で行うしみ抜き……………………………………… 144

(4) アイロン仕上げ………………………………………………… 145
　　(5) 商業洗濯……………………………………………………… 147
　3. 保　　管……………………………………………………………… 147
　　(1) カビとその防止法…………………………………………… 148
　　(2) 虫害とその防止法…………………………………………… 148
　　(3) 保管のポイント……………………………………………… 149

第Ⅵ章　衣生活の資源と消費
　　　　　　　　　　　　　　　　　　　　　　　　　　　　　（石井）
　1. 被服の生産と流通…………………………………………………… 151
　　(1) 被服の生産の過程…………………………………………… 151
　　(2) 被服の流通過程……………………………………………… 152
　2. 繊維製品の消費……………………………………………………… 154
　　(1) 繊維製品の消費動向………………………………………… 154
　　(2) 消費支出と被服費…………………………………………… 156
　　(3) 衣料の廃棄処分……………………………………………… 157
　3. 衣生活と資源………………………………………………………… 158
　　(1) 繊維産業におけるリサイクル……………………………… 160
　　(2) 生活者の立場………………………………………………… 164

付　　録……………………………………………………………………… 165
　　　＊主要衣料の国産と輸入量　＊繊維の最終製品に対する品
　　　質要求項目　＊生活環境からくる代表的な接触アレルゲン
　　　＊ISOとJISの取扱い表示の対比　＊ボトル用PET樹脂需
　　　要推移　＊被服の廃棄方法

索　　引……………………………………………………………………… 170

第Ⅰ章 衣生活と衣生活文化の成立

1. 衣 生 活

　衣・食・住は人間の基本要素であるが，特に被服は，人間が文化的生活を営む上で身体の一部としての機能をもち，なくてはならないものとなっている。衣服を作り着装することは，人間のみに与えられた生活である。そして，人との接触の中で服装は，着用者の人間性を表すことにもなり，その変化が外的人格の転換にも利用され得るものであるため，食生活や住生活に比べ，衣生活は社会性が大きいといえる。科学技術の発達は，新しい繊維を多く開発し，豊富な被服原料によって多種多様の被服材料を作り出すことにより，被服着用の目的を十分満足させ，さらに豊かな衣生活を営むことを容易にした。このような発展の中で，われわれは，生活様式の変化，住環境の向上も考慮し，科学的な見地から衣生活の設計，材料の選択，構成，着装，管理などを考える能力を養うことが必要であると考える。

（1）衣生活の内容
1）衣生活の経営
　個人や家庭または集団生活において衣生活を円滑に行うために経営と管理が必要である。家庭では主に主婦がこれを行い，施設・病院など集団生活の場においては管理者が行う。衣生活が食・住生活と異なる点は，社会的な要素が大きいことである。近年の住生活の変化は，衣生活にも影響を与え，多様化，機能化の傾向が強くなった。さらに経済の高度成長による大量生産，大量消費は衣服の価値感を変え，従来，半耐久財として取り扱われた衣服は消耗品として考えられるようになった。

2）衣生活の過程

① **計　画**　各個人のライフサイクルに合わせて，着用計画，購入計画を年間あるいは多年計画というように長期的観点から計画をたてる。

② **入　手**　計画された被服類はどのような手段で入手するかを考える。入手の方法は各自の生活状況すなわち，経済的，時間の余裕，製作技術，所持衣服の適応性などを考慮した上で，注文製作，既製品購入，自己製作，リフォーム，また着用頻度があまり多くないものは共用，レンタルなどにより，最も効率のよいものを選択し入手する。また，着用後の整理の方法や被服素材の耐用性などについても考慮することが必要である。

③ **使　用**　使用（着用）計画は，その被服の耐用年数を予測し，着用方法（着回し，コーディネイト）にも配慮し，少ない所持数でも，手入れの方法などを工夫して，常に機能回復をはかり，それぞれの被服のもつ機能が十分に発揮できるようにすることが望ましい。

④ **整　理**　衣生活の中で一番労力と時間が必要とされる過程である。衣服は着用開始から機能劣化の過程をたどる。その性能を回復させるために，いくつかの行程が必要となる。すなわち洗濯，しみ抜き，仕上げなどがその主な作業であり，取り扱いには，素材，性能を理解した上で整理することが大切である。近年の科学技術の発達とともに，被服素材は多様化してきており，家庭処理がむずかしく，専門店に依頼する場合も多くなってきている。衣類に貼付されている各種表示を確認し，手入れの回数や，経費なども十分考慮にいれて計画をたてる必要がある。

⑤ **保　管**　わが国のように四季の変化があるところでは，季節によって使用しない被服を保管しておく必要がある。使用しない被服は保管中にも機能低下などがないようによく手入れをした後，季節別，着用者別，繊維別に分類し，保管用具・保管場所などを考慮した上で，適切な管理をする。なお，詳細は第Ⅴ章　被服の管理を参照。

計画 → 入手 → 使用 → 整理 → 保管 → 処分

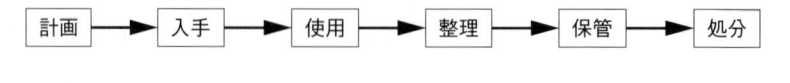

図Ⅰ－1　衣生活の過程

⑥ **処 分**　不用になった被服はリフォーム，廃棄の過程に入る。使用・整理・保管等の被服の利用を繰り返した後，その被服の耐用期間や廃棄した場合の環境への影響にも配慮しながら，死蔵することなく，他への譲渡，リフォーム，廃棄などによって処分する。

2．被服の種類と語義

(1) 被服の種別

日常生活の中で「服」を表す言葉は非常に多い。それは日本の服飾文化が豊かであることの証しのようにも思われる。しかし慣習的に何げなく使い分けてはいるものの，その区別は曖昧にされがちである。異なる理解の下に混乱が起こることを防ぐために，JISでは被服関連用語の語義を以下のように定義づけしている（JIS L 0212-1966　繊維二次製品用語）。

被服（clothing）	着る目的で人体を包み被うものの総称。被り物，履物を含む
衣服（clothes）	被服のうち，被り物，履物を含まないもの
衣裳（costume）	しきたりにより定められた（民族，階級，演技など）被服
衣	広義では被服，狭義では衣服，ころもと読む場合は仏教僧衣
衣料	広義では被服材料・被服，狭義では被服材料
服	ふつう衣服の意味。接尾語として和服，民族服などの用例
着物	広義では衣服，狭義では和服を指す
和服	日本の伝統的な様式の衣服の総称
洋服	西洋様式の衣服の総称
服装（apparel）	被服を人間が正常に着装して表し示した状態（姿態）
装飾品（ornament）	服装を整えるための装飾用部品
装飾（adornment）	装飾品（物品）を着装した状態
服飾	被服と装飾品，または服装と装飾の意味にも用いられる
上衣	上半身に着装する衣服
下衣	下半身に着装する衣服

上着（outer wear）　　二部式の衣服の外側の上衣。または和服の重ね着の場合，外側に着装する衣服
下着（under wear）　　外衣，中衣の下に着る衣服。または和服の重ね着の場合，内側に着装する衣服

（2）ファッション用語

　英語が私たちの生活に自然に溶け込んでいる中，ファッションという言葉はとてもよく使われている。本来の fashion は仕方，様式，しきたりといった意味をもっていたが，そのスタイル，流儀が一時に大勢を占める様子から「流行」という意味をもつようになった。その中でも装いに関する現象が目につきやすいためか，ファッションは次第に「流行の服飾」をイメージさせる言葉となったようである。しかし本来は装いに限定される言葉ではないことを確認しておきたい。ファッションビジネスの世界ではその分野を四つに分けている。

　広義のファッション産業　（「ファッションビジネス概論」[2] より）

① ヘルシー＆ビューティ…ビューティ産業，スポーツ・健康用品産業，クリーニング産業
② ワードローブ…………テキスタイル・皮革産業，副資材産業，きもの産業，ファッション小売業，アパレル産業，アクセサリー産業
③ インテリア……………インテリア，家具，寝具，家電，玩具，雑貨，食品，花・グリーンなど生活空間に関わる産業
④ コミュニティ…………住宅，レジャー，外食，出版などライフスタイルに関わる産業

　狭義のファッション産業はアパレル（既製服）産業，アクセサリー産業

　多岐にわたるファッション産業を眺めていると，私たちの装いは生活全般の中で統一された志向，スタイルをもってつくり出されるべきだと感じる。それは服飾が社会，そして個々の人間に深く結びついた存在であるからだ。被服について学ぶことで私たちは生活に対する姿勢を考え直す一つのきっかけをもつことができるであろう。

3. 衣生活文化の成立

（1）服飾の起源（人はなぜ被服を着たのか）
　服を着るという行為をここでは幅広く「裸の体に何かをつける」と捉えて考えて行きたい。つまり，体幹部を覆う被服に限らず，装飾のために身につけるアクセサリーや化粧なども含まれる。私たちは服飾に何を求めているのか。暖かさ，安心感，格好よさ。服飾は人間の複合的な本能，欲求を満たしている。人間がなぜ被服を着用するようになったのか，その起源については多くの説が挙げられている。しかしそのいずれかが正しい説であるとはいえない。世界各地において多様な民族がつくり出してきた服飾は，それらの人々の多様な要求に答えながら発展してきたのである。以下にいくつかの説を挙げる。

1）環境適応説
　寒さから身を守るために動物の毛皮を身につけたのが衣服の始まりであるといわれる。地球規模での気候条件を考えたとき，人間の生活に適した地域は非常に少ない。しかし寒冷地帯，熱帯地帯でも人間は活動してきている。服飾は環境に合わせた体温調節の補助的役割を果たしている。私達は本能的に寒さに震えるときには毛布などにくるまり暖を採る。照りつける日差しのもとでは日よけとなるものを探す。イヌイットの毛皮の衣服は効果的な防寒のための衣服である。中近東の全身をすっぽりと厚地の布で覆うスタイルは熱射と乾燥から身体を守るのである。

2）身体保護説
　むきだしの皮膚は弱く外傷を受けやすい。危険から身を守るために皮膚を覆い隠す必要もあったのである。この役割は足の裏を覆う靴の形になり，戦いのときの鎧兜にも発展したのである。

3）羞恥説
　現代社会の共通認識は不用意に裸体を晒すことは恥ずかしいという価値観をもっている。旧約聖書のアダムとイヴは羞恥心を覚えたので無花果の葉で体を隠した。それが被服の始まりであると伝えられている。しかし，恥ずかしいという価値観は社会，文化によって異なるものである。包み隠したく感じる部位

も多様であることは多くの民族の風習を見比べてみるとわかる。さらに，羞恥心の心理的要因を探っていくと，常に隠しているからこそ人目に晒すことを恥ずかしく思うようになったのか。見せることが恥ずかしくて被服で隠したのか，隠していた部分を見せることで「恥ずかしい」という感情を覚えるのか。人間の心と被服の複雑な関係である。

4）標識説

集団の中で自己の存在が特別なものであることをアピールするために，他者との違いを服飾によって示す。例えば，階級や役職によって定められた衣服を着用したり，特別な徽章（きしょう）をつける。それらは第三者にも一目瞭然なデザインであるほど，標識としての効果は高い。猿山のボス猿はその腕力や存在感で他の猿に自分が一番であることを知らしめるが，人間は服飾を通して存在感を明示したのである。

一方，集団の中で他者との共通性を服飾によって示すこともある。幼児が仲良しの友達とのおそろいの服を喜ぶのは共通性取得の自然発生的現われであろう。学校，職場の制服などは，同一集団としての共通性を表示し，同時に他集団との区別の役割も果たしている。

5）呪術説

裸体の人間は精神的にも弱い存在であり，心に強い不安を抱く。そこで何かを身につけることでそこに特別な力を与えようとした。装飾品や化粧，入れ墨におまじないの意味が込められていた例は多い。悪霊などの他者の侵入を防いだり，願（がん）を懸けたり，縁起（えんぎ）をかついだりと服飾に込められた思いは深い。

6）運搬説

必要な荷物を携帯するために，体に直接くくりつけて運搬する方法が考えられる。紐衣（ちゅうい）といわれる裸体の腰に紐を巻きつけ，そこに荷物を結びつけた方法，さらに荷物を布地に包み，腰に，肩に，頭に結わえつけて運搬する方法もある。現在の私達がショルダーバッグ，リュックサックを身につけることはその延長線上の事例である。これらもまた服飾の一つの契機と考えられる。

7）装飾説

上記に挙げてきた説は生理的，心理的，物理的に，何らかの必然性をもって服飾が求められてきたと考えられる。言い換えれば，服飾に機能，実用性を求

3. 衣生活文化の成立

めていたともいえる。しかし，私達の心理を探ると，必ずしも実用性だけでなく，服飾によって装飾欲求を満たそうとしていた。それはいつの時代においても人間の装飾への志向が認められ，例えば土器に縄目の圧痕紋をデザインした縄文人の行動などにもそれは記されている。人間の本能的な欲求の一つであったと考えられる。このことは私達が空間，空白を前にすると，耐え難い不安を覚え，無意識のうちに何かしら手を加えたくなり，素のままの体に何らかの装飾を加えたいという欲求が服飾へとつながったと考えられる。

（2）服飾形態と表現

人間は自然界から繊維を手に入れ，糸をつくり，布をつくり出した。丈夫でかつしなやかな布は人間を包み込む最高の素材となった。人類の営みを紀元前にさかのぼると既に布の特性を活かした服飾の形態がつくり出されている。

1）巻く，掛ける

平面の布地を立体である人体に直接巻きつける，あるいは掛けることで服として着装する方法である。この例として紀元前2000年代の古代メソポタミア文明のシュメール人が着用したカウナケス，同時期の古代エジプト文明の男性の腰衣のロインクロスが挙げられる。中でも紀元前6世紀以降に活躍したギリシャ人のキトンはその代表例である。着用者の身長の2倍×身長プラス20～30cmの長方形の布を肩にピンで留め，ウエストに紐を巻き結ぶ。着こなしのテクニックの際立つ服飾である。布は体の形に合わせてたわみ，動作に合わせて揺れ動く。しなやかな布の特性を巧みに活かした服飾形態である。

2）ゆったりと包む

胴体と腕，腰と脚，人体は複雑な立体である。それを身頃と袖との組み合わせですっぽりと包み込む形態が考えられる。紀元前2000年以降，西アジアで用いられたチュニックはゆったりと全身を包み込むスタイルである。3世紀以降のビザンチン文化の中で着用されたダルマチカ，現代の和服もまたこの形式の一種である。布地の大きな面は人体を堂々とアピールし，また広い面を活かした装飾効果も発揮している。

3）ぴったりと包む

紀元前3000年頃エーゲ海に浮かぶクレタ島を中心に起こった文明では，男性

は腰の形を強調した革製の腰衣を，女性は胸部を露出して体のラインに合わせた上着と，ベル型に広げたスカートの組み合わせを着用していた。裁断縫製の技術で服飾の形態をつくり込んでいくことで，男性的なたくましい体型，女性的なふくよかな体型といった，体型美が表現されるのである。また紀元前550年以降に活躍したペルシャ人の兵士らは足首までのズボン形式を着用している。これは生活スタイルに適した活動性を表現している。

（3）服飾文化と社会との関わり
1）ヨーロッパにおける服飾文化
　服飾の変遷はその時々の社会の動向と密接な関係をもつ。権威の所在，人々の関心事からも影響を受ける。芸術，文芸と同様に精神の表現の場ともなる。

　① **カトリックへの信仰心**　現在のイスタンブールの地に394年に首都が制定されてから1452年にトルコの侵略を受けるまでの間，東ローマ帝国（ビザンティン帝国）はカトリック文化を花開かせた。絶対的な存在である神の前に男性も女性も足元までの丈長のダルマチカによって人間的な精神を包み隠した。そこには敬虔な信仰心が表現されていたのである。

　10世紀以降緩やかに一つの傾向が示されていく。体の形を示すスタイル，男性は脚のラインを示し，女性は胸部とウエスト部を示すラインに変化していく。15世紀には高く尖った屋根を特徴とする教会建築と呼応するように，ほっそりと先の尖った帽子（ヘナン帽），靴（プーレーヌ），長く引く裾などが流行した。これらもまた，天上の神への憧れを表現しているのである。

　② **絶対王制と宮廷文化**　ヨーロッパ諸国はそれぞれ王政による統治を行っていくが，その中でも17世紀後半以降諸外国にも多大な影響を及ぼしたのがフランスのルイ王朝である。宮廷貴族のスタイルは多大な労力と時間とによって生み出される精緻な装飾（レース，刺繡，リボン）によって華麗に演出された。男性のジュストコールとキュロットは明るい色調に自然風物を細かく描写する刺繡の装飾が好まれた。女性のローブのシルエットを決定づけるものは上半身を整えるコルセットと，スカートを拡げるためのパニエであった。つくり上げられたシルエットと豊かな装飾が権力に裏付けされた宮廷貴族のスタイルであった。

3. 衣生活文化の成立　9

1　長方形の布をまとう
　　ギリシャ時代のキトン

2　半円形の布をまとう
　　ローマ時代のトガ

3　ゆったりと体を包む
　　ダルマチカ

4　体にぴったりとした
　　クレタ島の女性のドレス

5　宮廷貴族の
　　ジュストコール

6　宮廷貴族のパニエでかたちづくった
　　ローブ

図Ⅰ-2　服飾の変遷（西洋）[1]

③ **二つの革命と大衆文化**　ヨーロッパ社会に大きな影響を与えた出来事の一つは1789年のフランス革命である。身分制の崩壊に伴い,旧来の宮廷貴族中心の文化から新しい市民の文化が注目されるようになった。また,18世紀後半にイギリスから始まった産業革命も服飾の変化に大きく影響している。機械生産が産業の主力となり,織物産業を始めとして,服飾に関連する商品が大量生産され,安価に一般市民の手に入るようになったのである。

男性服飾は19世紀に現代のスタイルの原型が確立された。すなわち,テーラーカラーのジャケットと長ズボン,襟元にはクラヴァットを結ぶスタイルである。前世紀のような華やかさから一転して,すっきりとした着こなしが男性のおしゃれとなった。

一方女性は,19世紀初頭にはエンパイアスタイルと呼ばれる,ストレートなシルエットのシュミーズドレスが流行した。しかしその後一転してコルセットとクリノリンによる大きくスカートを拡げたスタイルが再流行した。ロマンティックスタイルと呼ばれるこのスタイルは19世紀末まで続いた。愛らしい花やレース,リボン,ひだ飾りの過剰な装飾は先に述べた産業革命の賜物といえる。二つの革命が市民に新しい服飾文化を与えたのである。

④ **活動する女性**　20世紀には女性服飾に二つの大きな変化がみられる。その一つは下衣の変化である。1910年代以降にスカート丈が少しずつ短くなり,脚を見せるようになった。これまでは宗教的な道徳観から女性の脚部は人目にさらされることはなかった。またサイクリングパンツなどのスポーツウェアをきっかけとしながら,女性にズボン形式の衣服が取り入れられるようになった。もう一つの変化は約500年にわたり愛用されたコルセットからの訣別である。これらは女性が生き生きと活動的な社会生活を送るようになった現れであろう。

2) **日本における服飾文化**

気候条件からみると,夏暑く,冬は寒い四季の変化に富んだ日本。四方を海に囲まれ,孤立した島国日本。日本人はこの条件の下,独自の服飾文化を形成した。私たちの祖先である縄文人は紀元前3000年の時代に既に糸を紡ぎ,懸衣形式,貫頭衣形式の衣服を仕立てていたことは近年の調査でも明らかとなってきた。

① **大陸文化の伝来**　弥生時代に中国大陸との交流が始まり稲作の技術を

3. 衣生活文化の成立　11

1　埴輪にみる
　　古墳時代の男子の衣褌

2　埴輪にみる
　　古墳時代の女子の衣裳

3　平安時代の束帯

4　平安時代の唐衣裳（十二単）

5　桃山時代の小袖（打ち掛け姿）

6　武家の長袴姿

図Ⅰ-3　服飾の変遷（日本）[1]

始めとして多くの文化の伝来が考えられる中,服飾においても大陸からの影響が示されている。当時のスタイルは古墳時代の遺跡から出土する埴輪にみられる。その基本的な形は,男性は衣と褌,女性は衣と裳の組み合わせである。幅の細い筒袖で裾丈の短い上着と,ゆったりとしたズボン状の形の脚衣,または裾広がりのスカート状のものとの身体の形に合わせた上下二部形式の衣服であった。上衣のえりぐりは丸く左前に重ねて紐で結び留めるなど,随所に中国からの影響がみられる。遣唐使の制度のように積極的に中国の政治,文化に学び,吸収した姿勢と同様,服飾文化もまた奈良時代まで大陸からの影響を強く受けた。

② **平安貴族と和様の文化**　平安時代には日本独自のスタイルへと服飾形態が変化した。その正装は男性は束帯(袍と呼ばれる上衣と袴の組み合わせ),女性は唐衣裳(十二単)と呼ばれ,身幅は広く,袖も大型化している。袖口は広く,大袖と呼ばれる。前代の大陸風のスタイルを,束帯では丸い襟元に,女性は袴を着用したうえに袿を重ね,さらに装飾的となってしまった上下二部形式の唐衣と裳を着ける形で留めている。色彩による服飾の表現が豊かになり,季節観,自然観を衣服の表布,裏布の色の組み合わせで表現した(襲色目)。貴族文化の中において服飾は着用者の内面を反映する重要な位置を占めた。

③ **武家社会**　武士が政治,社会の中心となってくると服飾は次第に武士の力強さをアピールしたり,軽快で活動的なものへと変化していった。男性の束帯は大きく硬直した感じの強装束として将軍の権威を印象づけた。前代には下級武士や一般庶民の衣服であった直垂が鎌倉時代には武家の代表的な衣服として形態を整えた。これは垂領仕立てで前を合わせて裾を袴の中に入れて着用した。

室町時代以降貴族文化からのもう一つの変化は,前代には内着であった小袖が,装飾豊かな表着として着用されるようになったことである。武士も小袖の上に肩衣と袴を着けたスタイルが一般的になった。女性の服飾も同様で小袖を表着として,さらに別の小袖を羽織る打ち掛け姿や,腰に巻く腰巻姿といった小袖を主役にした装いのヴァリエーションが生まれた。

④ **市民服飾**　鎌倉時代以降760余年にわたる武士の支配の中,桃山時代以降次第に町民に独自の文化がつくり出されてきた。それは常に支配され続け

る封建制度の中にあって，自己を確認するための営みであったかもしれない。江戸前期には上方の商人を中心とした華やかで人目を引く贅沢な服飾文化が花開いた。明るい色調で豊富な模様表現は染織技法の発展にもつながった。次いで江戸中期，後期には江戸町人を中心とした粋(いき)と称される美意識が発展した。地味で渋い色調と縞，格子柄といったあっさりとした幾何学模様へのこだわりの感性が男女の服飾にみられ武家服飾へも影響を及ぼすに至った。

　現代の私たちに伝えられる着物文化はこの時期に完成した。男性の羽織袴姿は江戸時代に入って武士の日常着，町人の礼服として一般的になった。女性にも羽織は江戸中期以降略服として用いられるようになった。さらに女性の小袖の帯は江戸中期以降，幅広で丈長になり，背中で結ぶスタイルが定着した。

⑤　**明治政府の欧風化政策**　　西洋服飾の導入は幕末から始まり，開国後軍備の増強の必要を痛感した日本は，西洋式軍服を採用した。この詰襟服(つめえりふく)とズボンの組み合わせは後には学生服や職場の制服などにも取り入れられた。明治維新後西洋に追いつき，追い越せとばかりに政府は積極的に洋装化に取り組んだ。男性の公的服装として燕尾服(えんびふく)，フロックコート，シャツ，シルクハット，靴の組み合わせが取り入れられた。現代でも宮中の公式行事ではこれらの服装が用いられている。上流階級の女性は鹿鳴館(ろくめいかん)スタイルと呼ばれる，同時期にヨーロッパで流行していたバッスルスタイルのドレスを身にまとい公式の社交の場に出席するようになった。

　思想，政策，生活全般にわたって西洋に近代化の模範を求めた日本は，洋服の長所を活動的，機能的，衛生的，経済的と考え，積極的に取り入れていこうとする姿勢が顕著であった。洋装化が上流階級を中心に政策として推し進められた反面，庶民階級には好奇心，憧れもあいまって従来の和装と折衷させながら独自のスタイルに取り入れていった。現代の大学の卒業式で女子大生が袴姿で臨席する様は春の一つの風物詩の観を呈する。このルーツは明治期に遡り(さかのぼ)，造花やリボンを飾った洋風束髪に袴に編み上げ靴の女子学生は新しい時代の訪れに希望を抱いた人々の気風を伝えている。

(4) 服飾文化の交流と発展

　和服は直線に裁断縫製された平面構成の衣服である。平面の衣服を立体の人体に合わせて着付けていく，着こなしのテクニックを要する衣服でもある。一方，洋服はあらかじめ人体の形に合わせて裁断縫製した立体構成の衣服である。さらにできあがった衣服に補正用下着などを用いて体の形に合わせて着用することもある。衣服と体との関係，衣服がつくり出す表現が両者は異なっている。

1）和服が受けた洋服からの影響

　歴史上日本人が洋服と出会った場面は二度ある。その一つは既に述べた明治の欧風化であるが，一度目は南蛮文化といわれる桃山時代にヨーロッパ人が伝えた文化である。当時の戦国武将たちは目新しい衣装を喜び，己の力強さをアピールするために着飾った。それらの中で日本人は和服の直線構成と洋服の曲線とを組み合わせた衣服，鎧下（内衣として着用）や軽衫（下衣），合羽（和服の上に羽織る）などを和服のスタイルに取り入れ，江戸時代を通して着用し続けた。立体構成の合理性，活動性を理解した現われといえる。

2）洋服が受けた和服からの影響

　明治の開国はヨーロッパに和服文化を伝えることにもなった。ヨーロッパの人々はゆったりと着付けた和服の流れるようなラインに関心をもち洋服に取り入れようとした。それまでのドレスはウエストに支点をおいたラインであった。直線構成をいかすためにドレスの支点は肩におかれ，女性の柔らかな立体をほのかに暗示させるスリムなラインのドレスへとデザインは変化していった。洋服に和服の直線構成が消化吸収されたわけである。洋服と和服は興味本位な物まねにとどまることなく，その本質的な部分を理解し，取り入れることで，新たな服飾文化へと発展していったのである。

3）現代の服飾

　今日では豊かな物流と情報伝達技術の発展の恩恵を受け，服飾文化の地域差は非常に少なくなってきている。日本に居ながらにしてパリ・コレの様子をリアルタイムで目にし，ほとんどの時間差もなく最新の商品を手に入れることができるからである。近年はエスニック調，フォークロア調など，民族服のエッセンスを取り入れた服飾の流行もしばしば起こる。今後は地域ごとの文化ではなく，地球規模での服飾文化の発展が予見される。

4. 被服着用の目的と機能

(1) 被服着用の目的

被服着用の目的は，大別すると次のようになる。

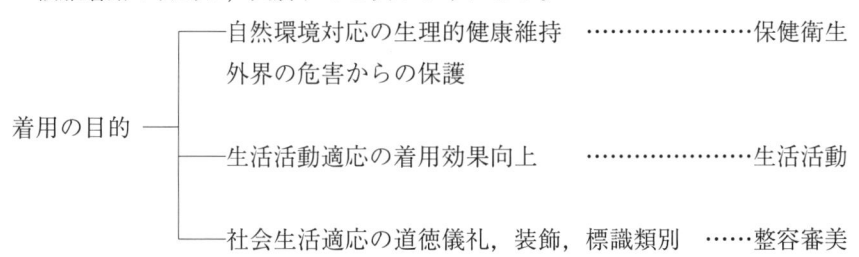

```
              ┌─ 自然環境対応の生理的健康維持   ……………保健衛生
              │  外界の危害からの保護
着用の目的 ──┼─ 生活活動適応の着用効果向上    ……………生活活動
              │
              └─ 社会生活適応の道徳儀礼，装飾，標識類別  ……整容審美
```

1) 保健衛生上の目的

① **体温調節の補助** 人間は恒温動物であるが，人体の生理的な体温調節には限界がある。その機能の不十分な部分を助け，外界の環境変化（寒暑，風雨）に対して人体が快適な状態を維持できるように補助的な役割をする。

② **身体の保護** われわれが日常生活を営む上で外界からの物理的，化学的危害から生体を保護する（生命維持を目的とした各種保護被服）。また生理的な保護として，皮膚より分泌する汗，皮脂，皮膚の剥離物などを着衣に吸収して，常に皮膚表面を清潔に保つ役割をする。

2) 生活活動上の目的

生活活動を目的として着用される衣服は，勤務，作業などの動的な生活，休養，病臥などの静的な生活があり，各々の生活の効率を高めるためのものである。とくに近年の科学文明の発達と，価値観の多様化により，衣服の材質，形態においては，装飾性のみならず，実用性，機能性が要求されるようになっている。衣服の種類としては，動的な生活には日常生活の各種産業用作業服，事務服，各種スポーツウエアなど，また静的な生活には，心身を休め十分にくつろげる休養着，家庭着，寝衣などがある。

3) 整容審美上の目的

人間は集団生活を営む上で各自の趣味，美意識などでその時と場合に応じた

衣服を選択し，着用して個性を表現し自己顕示をはかっている。

① **道義儀礼上の着装**　社会的慣習の中で社会的・儀礼的な表現を目的として衣服を着用する。この目的で着装される衣服は，地域，風俗，習慣，人種などによる特有のしきたりの中で培われた社会的慣習に支配されるが，この慣習に従うことで，社会生活を円滑に維持することができる。儀礼服，社交服，職業服などが該当する。

② **標識類別上の着装**　集団生活の中で，自己の所属，職業，地位，身分などを表すために被服類が着用される。すなわち，衣服の色，形態，材質などを規定することによって，識別の機能を持たせることができる。代表的な例には，集団の一員であることを示す制服，職業，所属を表す制服（警察官，駅員，兵士）などがある。同様のことが，未開発地域の少数民族では，裸体装飾などの手段によっても行われている。

被服着用の目的は文明の発展と，社会生活の多様化に伴い，今後も細分化していくと思われる。衣服の機能性，利便性のみを追求するならば，審美・儀礼的な面は簡素化されていくであろう。しかし，人間が社会的存在であるということを考えるとき，衣服の着用目的が審美・儀礼的側面をも含んでいることは否定できない。以上の点を踏まえて理想的な衣服とはどうあるべきかを考える必要がある。

（2）被服の機能

被服の機能は，人間が着用の目的に合わせ着装されてはじめて，それぞれの特徴ある機能を発揮する。着装という用語を「着る」と「装う」とに分けて考えると，前者は実用的機能を表し，後者は心理・感覚的機能を表す。人間は被服を着装し自然環境・社会環境などのあらゆる環境の中で，生活活動を行う。被服の機能は着用の目的を十分に満足させた時，環境―被服―人間の関連において成立つのである。

被服の目的達成のための機能条件を図Ⅰ-4に示す。

図Ⅰ-4　被服の機能と効果[3]

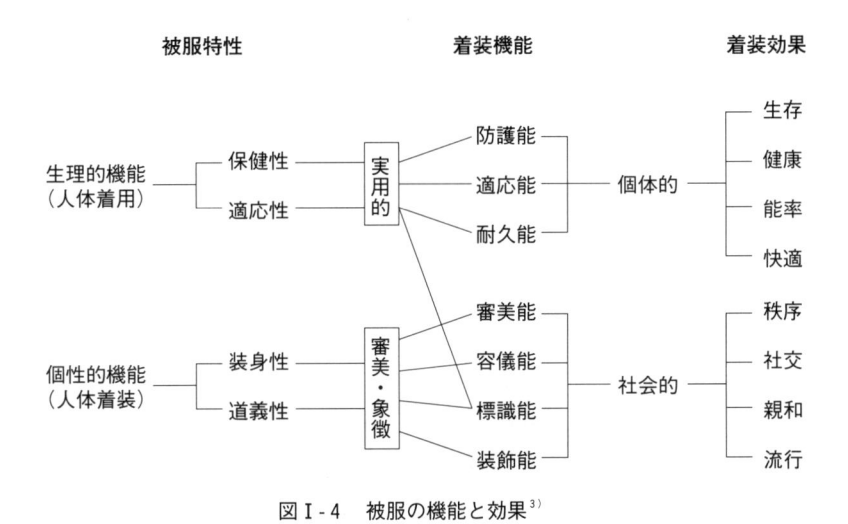

■引用文献

1) 田中千代：服飾事典（新増補版），同文書院，1981，pp.1048〜1057
2) 日本ファッション教育振興協会教材開発委員会：ファッションビジネス概論，財団法人日本ファッション教育振興協会，1998，p.14
3) 小川安朗：体系被服学，光生館，1970，p.135

第Ⅱ章 被服の選択

1. 被服の品質要求

(1) 被服の分類

多様な被服を系統立てて分類してみるとその性質,特徴を理解しやすい。ここでは被服を着用するときの状況を考えて,性能評価から分類してみる。以下は通商産業省繊維雑貨局(現生活産業局)の繊維品性能評価合理化対策連絡会議の分類を示す[1]。

表Ⅱ-1 繊維品の性能評価分類の考え方

	大分類		中分類	小分類
服飾部門	A 洋装	1 外衣 2 中衣 3 下着 4 雑品雑貨	主に年齢・性・階層	主に目的・シーズン	主に商品種類別
	B 和装	1 外衣 2 下着 3 雑品雑貨			
	C 寝装寝具				
	D 付属品等				
インテリア					

表Ⅱ-1に示される繊維品の性能評価分類の考え方に基づいて被服を最終用途別に分類すると次項以下の表になる[2]。

1. 被服の品質要求

表Ⅱ-2 服飾部門の最終用途別分類

A 洋装（1. 外衣）

大分類	中分類	小分類
紳　士	紳士夏服 紳士合冬服 替ズボン 礼服	上下服 三つ揃, 上下服 モーニング, タキシード, 燕尾服
婦　人	婦人夏服 婦人合冬服 スカート スラックス 礼服	スーツ, ワンピース スーツ, ワンピース フレアー, タイト, プリーツ, ギャザー 社交服
紳士　婦人	オーバーコート 制服事務服 作業服 白衣 運動着 ホームウエア	オーバー, スプリング, 半コート, レイン 上下服, 上着, ズボン 上下服, 上着, ズボン, モンペ, つなぎ 実験用, 医療用, 理美容用, 料理用 トレーニングシャツ・パンツ, タイツ, アノラック, 各種競技用ウエア ガウン, エプロン, 割烹着
学　生	男女学生服	上下服, 替ズボン, スカート ブレザー, ジャンパー, ベスト, ズボン
学童幼児	男女児外衣	ワンピース, ツーピース, スモック スカート, オーバーオール, ロンパース
乳　児	ベビードレス	サックコート, 産着, レギンス

A 洋装（2. 中衣）

大分類	中分類	小分類
紳　士 婦　人	シャツ スポーツシャツ ブラウス セーター	ワイシャツ, 半袖シャツ, 開襟 ポロシャツ 長袖, 半袖, ジレ セーター, カーディガン
学童幼児	セーター シャツ	セーター, カーディガン ワイシャツ, スポーツシャツ, ブラウス

第Ⅱ章　被服の選択

A　洋装（3. 下着）

大分類	中分類	小分類
紳　士	夏物 合冬物	ランニング，半袖，トランクス，ブリーフ 長袖，ズボン下，腹巻，タイツ
婦　人	ファンデーション ランジェリー	ブラジャー，コルセット，ガードル スリップ，ペチコート，パンティ
学童幼児	アンダーウエア	長袖，半袖シャツ，コンビネーション，パンツ
ベビー	ベビー肌着	長着，短着，胴着

A　洋装（4. 雑品雑貨）

大分類	中分類	小分類
紳　士 婦　人 学　生 学　童 ベビー	タオル ハンカチ 帽子 マフラー ネクタイ 手袋 靴下 洋品小物 傘 袋物 履物 ベビー包衣 ベビー雑貨	ハンドタオル，バスタオル 紳士，婦人，子供用 普通帽子（紳士，婦人各種），制帽 マフラー，スカーフ，ネッカチーフ 普通手袋，礼装用，作業手袋（軍手） ストッキング，タイツ，ソックス ズボン吊り，アームバンド，ベルト 日傘，雨傘，学童傘 ハンド，セカンド，ボストン，リュック 靴，スリッパ，サンダル，ケミカル ねんねこ，ケープ おむつ，おむつカバー，エプロン，帽子，よだれ掛け， 靴下，手袋，ベビーラック

B　和装

大分類	中分類	小分類
外　衣	外出着 普段着 和装コート	訪問着，羽織，袴 丹前，浴衣 防寒，合，茶羽織，雨コート
下　着	下着	襦袢，和装下着
雑品雑貨	帯 風呂敷　小物 和装雑品	丸帯，袋帯，単帯，改良帯，兵古帯 風呂敷，伊達締め，半襟，帯揚げ，腰紐 ショール，服紗，足袋

C 寝装寝具

大分類	中分類	小分類
	冬布団	掛敷, 夜具
	夏布団	夏掛布団, タオルケット
	毛布	ベビー毛布, 普通
	シーツ, カバー	ベッド, ベビー, 普通, 枕・布団カバー
	夜具地	夜具表地, 裏地, 枕地
	蚊帳	

D 付属品その他

大分類	中分類	小分類
	芯地	普通芯, 襟芯, 帯芯, 不織布芯, 毛芯
	裏地	服裏地, 袖裏, ズボン裏, スカート裏
	和装裏地	八掛, 胴裏, 肩裏, 羽織裏

繊維製品以外の被服としては以下の例が挙げられる。

① アクセサリー

　婦人用：髪飾り, ハットピン, イヤリング, ネックレス, ペンダント, ブローチ, ブレスレット, アームレット, リング, ベルト, アンクレット

　紳士用：タイ止め, カフスボタン, ベルト

② 帽　子

　婦人用：フォーマル（トークなど）, タウン（カプリーヌなど）
　　　　　カジュアル（カスケットなど）

　紳士用：フォーマル（シルクハットなど）, タウン（ベレーなど）
　　　　　カジュアル（クロッシュなど）

③ 靴

　形状分類：パンプス, オクスフォード, ローファー, タッセル, モンクスリッポン, モカシン, ウォーキング, ワラビー, サンダル, ブーツ, スニーカー

　ヒール高：フラット, ロー, ミディアム, ハイ

（2）被服の性能と品質要求

JIS Z-8101（品質管理用語）では品質を「品物またはサービスが, 使用目的を満

たしているかどうかを決定するための評価の対象となる固有の性質・性能の全体」と定義している。被服の性質，性能には既述のように，体を包むことに関連した機能性と，着用者の趣味，嗜好と関連する表現性の両者が求められる。

1）外観審美性

私たちが被服を選ぶときにまずその見た目に目を奪われることはやむを得ない。被服の外観は着用者の個性を創り出す重要な表現の場である。

① **素材の材質感**　糸の太さ，形状，織り編み組織によって布地は私たちの心に訴える表情をもつ。

② **色・柄**　染色加工された布地の色・柄のもつ視覚効果は被服全体のデザイン性とも強く関わる。

③ **フォーム**　被服全体のシルエットやディテールのデザインも重要な因子である。また縫製のテクニックがきちんとしているかが，全体的な仕立て上がりの状況に影響を及ぼす。

2）着心地

被服に体を包まれたとき，私たちは無意識にあるいは意識してその着用感を味わっているのであろう。それが着心地である。快適で，健康な生活と密接な関わりをもつ着心地の善し悪しもまた被服の大切な性能である。

① **衛生機能**　人体を周囲の環境条件に適応させる役割をもつ被服は，水分（湿度）と温度を調整する機能をもたなければいけない。四季の気候の変化に富む日本では，高温多湿の夏季には吸湿，放湿性に富む被服が，低温乾燥の冬季には保温性に富む被服が求められる。また対皮膚性，経皮・経口毒性を考慮する必要もある。（Ⅳ章1節　被服環境参照）

② **風合い**　被服は直接身体に着けるものであるため，その触感・肌触りは着心地に大きく影響する。これらは被服の材質の物性（厚さ，目付，曲げ剛さなど）が複合してつくり出しているものであるが，その判断は感性によるところが大きい。

③ **運動機能**　被服は活動する身体に適応しなければならない。そのためには身体の大きさに対して被服のサイズが適切でなければならない。小さすぎる被服は窮屈で動きにくい。さらに生理的にも悪影響を及ぼすことが考えられる。逆に大きすぎる被服もまた身体になじまず動きにくい。被服の大きさや伸

縮性が関与する項目である。またドレープ性や表面摩擦係数といった被服素材と身体とのなじみやすさも着心地に関係してくる。運動時に着用するスポーツウエアはもちろんのこと，日常生活の被服もその動作性を考慮する必要がある。また，被服の性能については被服を着る，脱ぐ行為の利便性も考慮する必要がある。着脱のしにくい開口部の設定は（かけはずしのしにくいボタン，頭の通りにくいえりぐりなど）運動機能に問題があるとみなされる。

3）初期性能の保持性

多くの被服は繰り返しの着用を前提としている。繰り返し着用に耐えられずせっかく気に入って購入した被服がすぐに「だめ」になっては困るのである。

① **強靭性**　着用とともに被服が破れたり，擦り切れたりしては困る。素材の強さに関する性能（引張強さ，引裂強さ，破裂強さ，摩耗強さ，衝撃強さ）や縫目強さから，被服に適しているかがわかる。これらの性能は着用時に強い力や衝撃を受けると予想されるスポーツウエアには特に重要である。また婦人服と比較して紳士服は着用期間が長期にわたることや，着用時の運動量が多いことから，強靭性は重視されている。

② **変退色**　被服は染色加工されたものがほとんどである。着用，洗濯，保管を繰り返す中で，ある程度の退色はやむを得ない。しかし容易に変退色してしまうようでは実用に適さない。日光，洗濯，水，塩素処理水，汗，摩擦，ドライクリーニングに対する染色堅牢度が求められる。また変退色には時間経過に伴い素材自体の黄変（絹，毛）や褐変，黒ずみ（ポリエステル）もある。

③ **布地表面の変化**　着用に伴い，摩擦や圧力を受けて布地の表面がつるつるになり「てかり」を生じる。またアイロンプレスで強く圧力がかかり，縫い代部分が部分的に光る「あたり」の例など，悪光（好ましくない光沢）は布地表面の変化の一つである。これは長期間にわたって着用される制服などに起こりやすいトラブルである。また摩擦により毛羽立ち，毛玉が生じることも好ましくない変化である。起毛組織や毛足の長い編み組織の毛羽はある程度は脱落するが合繊のピリングは脱落しにくいため外観が損なわれる。着用や洗濯による一時的な表面形状の変化はしわである。アイロンプレスによって解消することができるが，繊維の種類，糸の形状，組織によってしわの発生状況は変化する。さらに繊維は湿潤によって収縮するものがあり，それが布地表面に細かい

縮みを生じることもある。

④ **衣服形態の変化**　着用，洗濯によって衣服の形くずれが起こる場合がある。その原因としては繊維が湿潤によって収縮することで衣服の形態自体が「縮む」場合，編み組織のように加工段階で縦方向に引っ張られたものが，洗濯後に縦方向が元の寸法に戻り，その分横方向に「伸びる，拡がる」場合もある。繰り返し着用で一定箇所に力がかかり，組織のずれ，伸びも予想される。これらの形くずれは縫製の段階で地のしをするなどして予防する必要がある。

4) 保管・洗浄性

衣生活は被服を着用し，洗濯し，保管することの循環である。被服の取り扱いやすさはスムーズな衣生活につながる。反対に取り扱いにくい被服は洗濯，保管の間に，品質を損なうトラブルが生じやすい。

① **洗　濯**　被服は着用すると，皮膚から分泌物・剥離物や外環境から汚染される。洗濯はその汚れを取り除くために行われる。そこで，被服の品質としては汚れの落ちやすさや洗濯時の洗液や，機械力への耐性が求められる。

② **アイロンプレス**　被服の形状を維持するためにはアイロン掛けは有効な手段である。耐熱性，しわの復元性，プレスによる形づけのしやすさなどが求められる。

③ **保　管**　保管の状況によるトラブルには繊維自体の変退色，かびや虫害の発生がある。これらは保管環境を改善することで防ぐこともできる（除湿，防虫剤の添加）ので取り扱い者の注意が必要である。また繊維自体に防虫加工する手段もある。

5) 特殊性能

多品種にわたる被服の中には特殊な用途をもつものもある。例えば，危険な作業を行うときの作業服は身体の安全を確保しなければならない。消防服の防炎性をはじめとして，燃焼ガス毒性，制電性，導電性が考えられる。また特殊な環境下では，寒さや熱，水などから身体を保護しなければならない。近年は医療現場だけではなく広く一般的になってきた抗菌性も特殊性能の一つである。

6) 被服の種類による品質要求

以上は被服全般にわたる品質要求項目であるが，被服はその種類によって着用の状況が異なり，それによって求められる品質もおのずと異なってくる。被

服を消費（着用）の観点から以下の項目に分類する。

① **着用者**　だれが着用するのか，年齢・性別・体型（サイズ）・生活形態などによって被服に求められるものも変化してくる。個々の個性をアピールする表現性はもちろん重要である。その一方機能面から見てみると，健康な成人にはあまり重要視されない場合もあるが，乳幼児や高齢者・病床にある人にとっては衛生機能に対する配慮は欠かせない。多忙な生活をおくる人にとっては取り扱い易い（イージーケア）被服は優れた品質に感じられるであろう。

② **季　節**　既に述べたとおり，日本は四季による寒暖の差が激しい。着用する季節に対応した被服の性能が求められる。また単に吸湿・透湿・保温性といった衛生機能だけではなく，紫外線の強い夏季に着用する被服にはUVカット機能などの特殊性能を加えた商品も市販されるようになった。また季節感を表現する，時季に応じたデザイン性も着用者の心理に訴える大切な因子になる。

③ **場　所**　どこで，どのような状況で着用するのかによって私たちは被服を選択する。雨天に着用するレインコートには特殊性能の一つである撥水性が求められる。改まった式に出席するのであれば，それに応じた色彩，素材，デザイン性の高い被服を選び，日常の家事労働をするのであれば動きやすく，取り扱いやすい被服を求めるのである。

④ **着用目的**　何を行うために着用するのかに合わせて被服は選ばれている。スポーツをするときには，その競技内容に合わせたウエアが必要になる。スキーならば防寒，防水性が求められ，陸上競技ならば汗をよく吸収し，身体が動きやすいように伸縮性も求められる。仮に一度だけしか着用しないかもしれない特別な被服（例えば舞台衣裳）であるならば，デザイン性は重要視されるであろうが，耐久性はほとんど考慮する必要はない。

被服の性能と品質要求項目の一覧表を付録2（p.166）に示した。

■引用文献

1) 小沢紀一「繊維品性能評価の合理化促進について」，繊維製品消費科学会誌，12巻9号，1971，p.28
2) 日本衣料管理協会刊行委員会：新版ファッション商品論，1997，pp.67～71

2．被服の選択

既製服の選択　被服の製作は従来自家製作か注文製作であったが，1955年以降は既製衣料の生産技術が急速に発達し，衣服産業がファッション産業へと推移し工業化によって多種多様な既製服が大量に生産されるようになった。現在われわれのほとんどが既製服を利用するようになった。したがって，既製服を上手に選択することは衣生活を運営するにあたって重要な条件の一つである。

ここでは主として成人女子の既製服を例に述べる。

（1）既製服の種類

現在われわれは豊富な既製服の中から自分に適したものを選択できるようになった。成人女子用の既製服は表Ⅱ—3に示すようにレディスウエアといい，これを外衣のアウターウエアと内衣のインナーウエアに区別している。

一般に婦人服はアウターウエアを指し，さらにこれは重衣料と軽衣料に分けられている。重衣料はそれだけでファッションとしての形になるもの，軽衣料

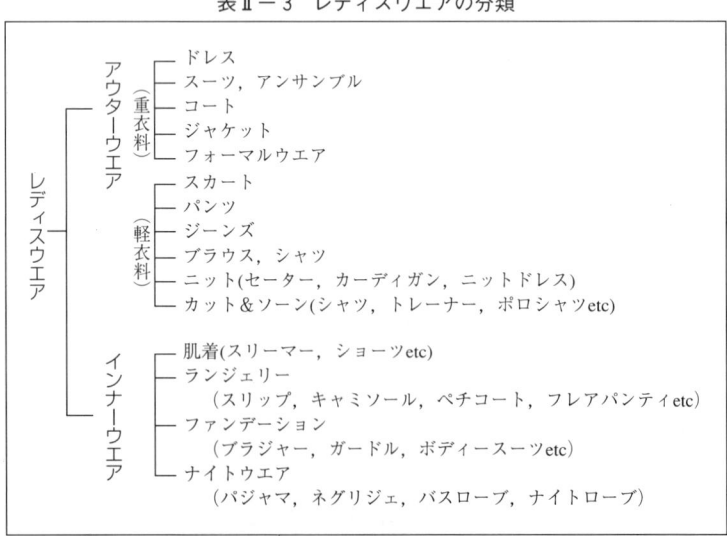

表Ⅱ-3　レディスウエアの分類

```
            ┌ アウターウエア ┬(重衣料)┬ ドレス
            │                │        ├ スーツ，アンサンブル
            │                │        ├ コート
            │                │        ├ ジャケット
            │                │        └ フォーマルウエア
            │                └(軽衣料)┬ スカート
レディスウエア ┤                        ├ パンツ
            │                        ├ ジーンズ
            │                        ├ ブラウス，シャツ
            │                        ├ ニット(セーター，カーディガン，ニットドレス)
            │                        └ カット＆ソーン(シャツ，トレーナー，ポロシャツetc)
            └ インナーウエア ┬ 肌着(スリーマー，ショーツetc)
                            ├ ランジェリー
                            │    (スリップ，キャミソール，ペチコート，フレアパンティetc)
                            ├ ファンデーション
                            │    (ブラジャー，ガードル，ボディースーツetc)
                            └ ナイトウエア
                                 (パジャマ，ネグリジェ，バスローブ，ナイトローブ)
```

（間嶋佐智子：レディスファッションの商品知識，ファッション教育社，p.27）

は他のアイテムとも組み合わせて形になるものである。近年は婦人服のファッションの変化はめまぐるしく若者が様々なアイテムを組み合わせて着装する時代になっており，このような区別も変化しつつある。軽衣料はカジュアルアイテムといい，重衣料はドレスアイテムと分類することもある。インナーウエアには肌着，ランジェリー，ファウンデーション，ナイトウエア，ストッキング，靴下が含まれる。

　最近はこの分野のファッション化が著しく，ボディファッション，レッグファッションの分野が確立され，美しく装うためにはアウターウエアばかりでなく下着類にも美しさ，ファッション性が要求されるようになった。また，いままでインナーとして使われていたTシャツがアウターとして用いられるようになり，ペチコートも着方ではアウターになるなど，従来の分類とは微妙に変化してきている現状がある。

(2) 既製服のできるまで

　既製服は企画，技術，製造，営業など各領域のスタッフが従事して多くの段階を経てつくられている。既製服が生産されるまでの過程を図Ⅱ-1に示す。
　既製服ができるまでの流れと主要な仕事をあげると以下のようになる。
　商品企画に入る前に情報の収集分析が行われる。市場調査，テレビ，新聞，雑誌による情報，社会の動向などの多くの情報を収集し，これらをもとにして商品が企画される。

(1) 商品企画：何を設計するか目的を定め，実現するために素材，形態，構造，性能，スタイル，色柄を具体的に選定する。
(2) デザイン・スタイルの決定：デザイナーが提案したいもののイメージコンセプトをつくる。
(3) ベーシックパターン：デザイン画をもとにパタンナーは人台にシーチングでドレーピングして服の原形をつくり，それを基にパターンの型紙をつくる。
(4) サンプルメーキング：サンプル用の生地（芯地，裏地，ボタン）でサンプルを縫製する。

　デザイナー，パタンナー，マーチャンダイザー，営業など物づくりに関わ

28　第Ⅱ章　被服の選択

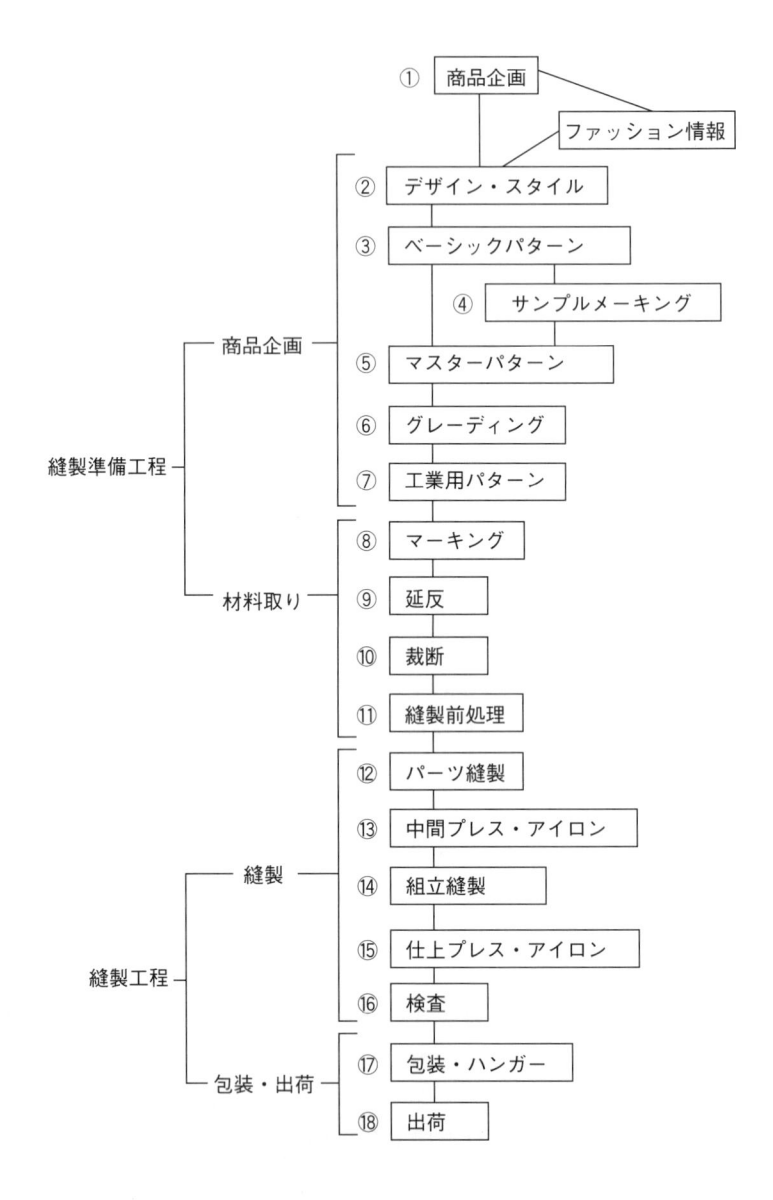

```
                                    ① ┌──────────┐
                                       │ 商品企画  │─┐
                                       └──────────┘ │
                                                    ┌──────────────┐
                                                    │ ファッション情報 │
                                                    └──────────────┘
            ┌─ 　　　　　    ② ┌──────────────┐
            │                  │ デザイン・スタイル │
            │                  └──────────────┘
            │               ③ ┌──────────────┐
            │                  │ ベーシックパターン │
  ┌ 商品企画 ┤                  └──────────────┘
  │         │                       ④ ┌──────────────┐
  │         │                          │ サンプルメーキング │
  │         │                          └──────────────┘
  │         │               ⑤ ┌──────────────┐
  │         │                  │ マスターパターン │
  │         │                  └──────────────┘
縫製準備工程 ┤               ⑥ ┌──────────────┐
  │         │                  │ グレーディング  │
  │         │                  └──────────────┘
  │         └               ⑦ ┌──────────────┐
  │                             │ 工業用パターン │
  │                             └──────────────┘
  │         ┌               ⑧ ┌──────────────┐
  │         │                  │ マーキング     │
  │         │                  └──────────────┘
  │         │               ⑨ ┌──────────────┐
  └ 材料取り ┤                  │ 延反          │
            │                  └──────────────┘
            │               ⑩ ┌──────────────┐
            │                  │ 裁断          │
            │                  └──────────────┘
            └               ⑪ ┌──────────────┐
                                │ 縫製前処理    │
                                └──────────────┘
            ┌               ⑫ ┌──────────────┐
            │                  │ パーツ縫製     │
            │                  └──────────────┘
            │               ⑬ ┌──────────────────┐
            │                  │ 中間プレス・アイロン │
            │                  └──────────────────┘
  ┌ 縫製 ───┤               ⑭ ┌──────────────┐
  │         │                  │ 組立縫製       │
  │         │                  └──────────────┘
  │         │               ⑮ ┌──────────────────┐
縫製工程     │                  │ 仕上プレス・アイロン │
  │         │                  └──────────────────┘
  │         └               ⑯ ┌──────────────┐
  │                             │ 検査          │
  │                             └──────────────┘
  │         ┌               ⑰ ┌──────────────┐
  └ 包装・出荷┤                  │ 包装・ハンガー │
            │                  └──────────────┘
            └               ⑱ ┌──────────────┐
                                │ 出荷          │
                                └──────────────┘
```

図Ⅱ－1　既製服の生産過程

るすべての人で検討し，デザイナーのイメージが表現されているかなどを検討し，さらに商品価値を上げるようにする。
(5) マスターパターン：中心となる号数，一般に婦人服は9号用パターンをつくる。
(6) グレーディング：マスターパターンを拡大したり縮小したりして，サイズ展開する。
(7) 工業用パターン：量産用パターンにつくり変える。サンプル縫製時縫いにくかったところを見直し量産用体制として縫い代を確認する。
(8) マーキング：生地を無駄なく裁断するために図Ⅱ－2の例のようにパターンのレイアウト図を作成する。布の柄，毛並，織り傷，染めむらなどを確認。この工程ではCADシステムが導入されて省力化されている。
(9) 延　反：裁断の準備工程で布地を所定の長さに平らに積み重ねる工程をいう。ずれやすい布，柄合わせの必要な布は注意が必要である。
(10) 裁　断：配置された型紙に合わせ積み重ねられた布を裁断する。レーザー光線またはバンド刃型などを用い裁断される。また前工程のマーキングと連動した自動裁断システムが使われている。
(11) 縫製前処理：芯地裏地をはったり，カットワークやししゅうのあるデザインのものはカットワーク，ししゅうを工場に出して行う。

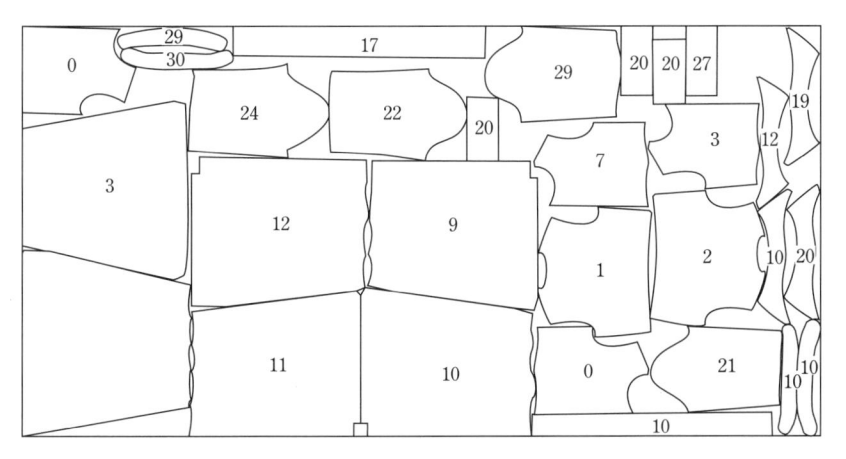

図Ⅱ－2　婦人コートのマーキングの例
（日本繊維機械学会，1980）

(12)～(14) 縫　製：縫製工場は中小から大規模な工場までありブランドの大きさによって規模は異なる。量産では袖，衿，身頃などを別々に縫製したものを最後に縫い合わせ，一つの製品が完成するという流れ作業によって行う。また，ボタンホール，ボタンつけ，まつりなどは仕上工程で行われる。

　　最近，多くの縫製工場では縫製工程が自動化されている場合が増えている。自動縫製システムが導入されていないところでも，マスターパターンからマーキングまではコンピュータ化されており，短時間に作業は進められるようになった。

(15)　仕上げプレス
(16)　検　品：仕上がった服の検品は縫い，ステッチ，ボタンホール，ボタンつけ，衿，袖のつけかた，まつりなどの縫製状態やサイズが合っているかなどを細かくチェックする。また，縫製中の折れ針や残針のチェックなどが行われる。

（3）既製服の選択と購入

　既製服の購入にあたっては着用目的に合わせて既に自分の所持しているものを考えた上で，価格，素材，デザイン，色などを考慮し選択する。被服は着て，動いて，美しく快適であることが大切であるので試着によってよく合うことを，機能面，審美面両方について検討する。

購入時チェック項目
(1)　デザイン，色柄（TPOを考えて）の好ましさ。
(2)　サイズや体型への適合度，着心地など。
　　ゆとり量が十分か（着脱は容易か，肩関節の動き，しゃがむなどの動きを阻害しないか体型をカバーできるか）
(3)　素材が適当か：品質加工表示や取り扱い表示などを見て表地，裏地とも検討する（吸湿性，透湿性，暖かさ，軽さ，肌触りの感触など）。
　　表地のデザインに使用されている，革や金属，ボタンなどの副装品の適切さ。
(4)　縫製，仕立ての丁寧さ（縫いつれがないか，縫い代は十分にあるか）。
(5)　価格の適切さ。

3. 既製服のサイズ

　既製衣料を選択するとき，サイズは重要な要素である。日本工業規格（JIS）は1966年に日本人の体格を調査し，既製衣料呼びサイズ（JISL-0102）を1970年に制定した。その後1987年に改正されたが，1992年，それまでの規格が現状に適さなくなったことに対応し体格調査を実施し，その分析結果をもとに1996年に成人男子用衣料のサイズ，1997年には成人女子用衣料のサイズの大幅な改正を行った。この改正は国際標準化機構（ISO）との整合性もはかられ，衣料品の生産と販売の国際化に対応したものとなっている。

(1) 既製衣料サイズの種類
1) サイズ表示
① **着用者区分と着用区分**　JIS サイズシステムでは着用者の区分を乳幼児であるか，身長の成長が停止しているかどうか，男子か女子かの性別などを基準に区分している。また，着用の仕方によって全身用，上半身用，下半身用とに区別する。表Ⅱ-4に着用者区分と着用区分を示す。

表Ⅱ-4　着用者区分と着用区分

着用者区分	乳幼児　少年用　少女用　成人男子用　成人女子用
着用区分	全身用　上半身用　下半身用

　着用者区分に従って制定された各JISの呼び方を表Ⅱ-5に示した。

② **基本身体寸法と必記衣料寸法**　衣料のサイズ表示は着用者の基本身体寸法で表示され，長さをcm単位で表示する。しかし，でき上がりの実寸法の方がわかりやすい場合は必記衣料寸法で示しcm単位で表示する。例えば，ワイシャツの襟まわりとゆき丈などである。

　成人女子の場合は次のように表示される。
　基本身体寸法：バスト，ウエスト，ヒップ，身長（組み合わせる）
　必記衣料寸法：パンツなどのまた下丈，スリップ，ペチコート丈

2）サイズ表示の種類

サイズ表示の種類は体型区分表示，単数表示，範囲表示の3種類である。

① 体型区分表示

体の大小を表すための体型区分は表Ⅱ－6に示すようにA，Y，AB，Bの4種類に分けられ，標準的な人をA体型とし，細い人をY体型，A体型より大きい人をAB体型，またはB体型とし，まわり寸法をヒップの大きさで分類している。バストは号数で表示されている。身長の記号はPP，P，R，Tの4段階に分けられ，Rが標準の高さで158cm，Regularの略である。PはPutiteで小さいことを表す。PPはPより小さいことを表し，Tは高いを意味するTallである。それぞれにバスト，ウエスト，ヒップのサイズが決まっている。

表Ⅱ－5 JISサイズの呼び方と対象品目

	サイズの呼び方	対象品目
乳幼児用 L-4001	身長の数値で呼ぶ 身長 50 〜 100cm 間隔 10cm	外衣類，セーター・カーディガン類，ブラウス・シャツ類，寝衣類，肌着類，水着及び繊維性おむつカバー類
少年用 L-4002	身長の数値と体型区分 身長 90 〜 185cm 間隔 10cm	コート類，上衣類，ズボン類，セーター・カーディガン及びジャケット，シャツ類，オーバーオール，ロンパース類，寝衣類，下着類，水着類
少女用 L-4003	身長の数値と体型区分 身長 90 〜 170cm 間隔 10cm	コート類，ドレス・ホームドレス類，上衣類，スカート類，ズボン類，セーター・カーディガン及びジャケット類，ブラウス・シャツ類，オーバーオール及びロンパース類，寝衣類，下着類，水着類
成人男子用 L-4004	フィット性有 「チェストの数値＋体型区分＋身長の記号」ズボン類は胴囲（ドロップにより体型区分）	コート類，背広服類，上衣類，ズボン類，事務服及び作業服類，セーター・カーディガン及びジャケット，シャツ類，寝衣類，下着類，水着類
成人女子用 L-4005	フィット性有 「バストの数値＋体型区分＋身長の記号」 スカートなど　胴囲の数値	コート類，ドレス及びホームドレス類，上衣類，スカート類，ズボン類，セーター・カーディガン及びジャケット類，ブラウス類，シャツ類，寝衣類，下着類，水着類

表Ⅱ-6　各衣料サイズにおける体型区分と記号

◎乳幼児用衣料のサイズ
　身長cmと体重kgにより表示

◎少年用および少女用衣料サイズにおける体型区分と記号
　体型区分
　　記号　　意味
　　A　……　日本人の少年の身長を90cmから185cm（女子-175cm）の範囲内で、10cm間隔で区分した
　　　　　　とき、身長と胸囲又は胴囲の出現率が高い胸囲又は胴囲で示される少年の体型
　　Y　……　A体型より胸囲又は胴囲が6cm小さい人の体型（細め）
　　B　……　A体型より胸囲又は胴囲が6cm大きい人の体型（太め）
　　E　……　A体型より胸囲又は胴囲が12cm大きい人の体型（肥満）

◎成人男子用衣料サイズにおける体型区分と記号および身長号数
　体型区分　　　　　　　　　　　　　　　　　身長号数
　記号　ドロップ　　　記号　ドロップ　　　号数　　身長　　　号数　　身長
　　J　……　20cm　　AB　……　10cm　　　1　……　150cm　　6　……　175cm
　　JY　……　18cm　　B　……　8cm　　　　2　……　155cm　　7　……　180cm
　　Y　……　16cm　　BB　……　6cm　　　　3　……　160cm　　8　……　185cm
　　YA　……　14cm　　BE　……　4cm　　　　4　……　165cm　　9　……　190cm
　　A　……　12cm（標準）　E　……　0cm　　5　……　170cm
（ドロップはチェストとウエストの差）

◎成人女子用衣料サイズにおける体型区分と記号ならびにバストおよび身長の記号
　体型区分　　　　　　　　　　　　　　　　　　　　身長号数
　体型記号　意味　　　　　　　　　　　　　　　　　身長記号　身長
　　A　……　日本人の成人女子の身長を142cm,150cm,158cm,166　　PP　……　142cm
　　　　　　cmに区分し、さらにバストを74～92cmを3cm間隔で、　　P　……　150cm
　　　　　　92～104cmを4cm間隔で区分したとき、それぞれの身　　　R　……　158cm（標準）
　　　　　　長とバストの組合せにおいて出現率が最も高くなる　　　T　……　166cm
　　　　　　ヒップのサイズで示される人々の体型（標準）
　　Y　……　A体型よりヒップが4cm小さい人の体型（腰小型）
　　　　　　（ただし、バストは124cmまでとする）
　　AB　……　A体型よりヒップが4cm大きい人の体型（腰大型）
　　B　……　A体型よりヒップが8cm大きい人の体型（超腰大型）

記号（号数）	3	5	7	9	11	13	15	17	19	21	23	25	27	29	31
バスト(cm)	74	77	80	83	86	89	92	96	100	104	108	112	116	120	124
間隔	←　　　　3cm　　　　→							←　　　　　　4cm　　　　　　→							

34 第Ⅱ章 被服の選択

(1) サイズ絵表示による方法	(2) 寸法列記による方法

(1) サイズ絵表示による方法：
- 83 / 64 / 91 / 158
- 9AR64

(2) 寸法列記による方法：

サイズ		
上衣	バスト	83
	ヒップ	91
	身長	158
スカート	ウエスト	64
9AR64		

二つ以上の品目を一括して販売するスーツ類の表示

サイズ	
バスト	83
ヒップ	91
身長	158
ウエスト	64
9AR64	

---

(1) 85 / スリップ丈 65 / 58-65

全身用の下着類（スリップ類）の表示

サイズ	
バスト	85
スリップ丈	65
85〜65	

---

(1) 79〜87 / 87〜95 / M

全身用のその他の下着類（レオタード類）の表示

サイズ	
バスト	79〜87
ヒップ	87〜95
M	

---

(1) 85 / 75 / A 75

ブラジャーの表示

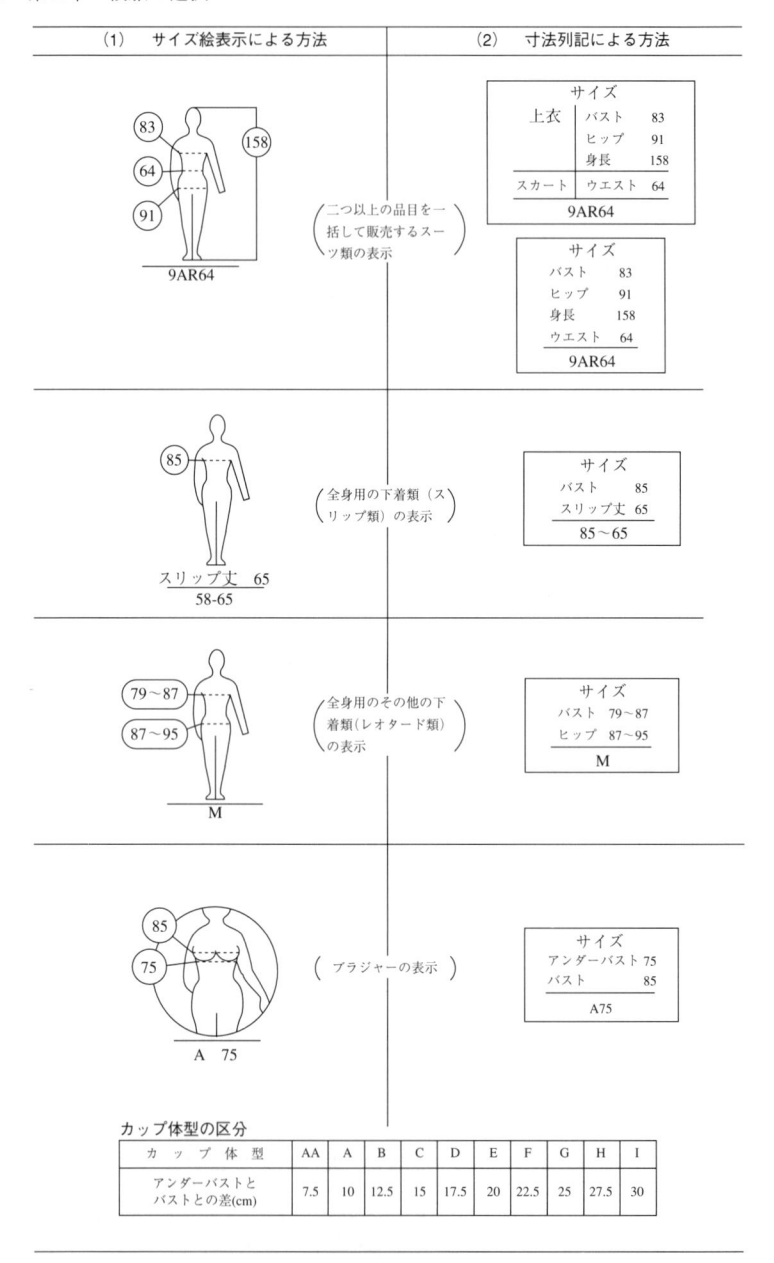

サイズ	
アンダーバスト	75
バスト	85
A75	

カップ体型の区分

カップ体型	AA	A	B	C	D	E	F	G	H	I
アンダーバストとバストとの差(cm)	7.5	10	12.5	15	17.5	20	22.5	25	27.5	30

図Ⅱ-3 既製衣料サイズ表示例（1）

3. 既製服のサイズ　35

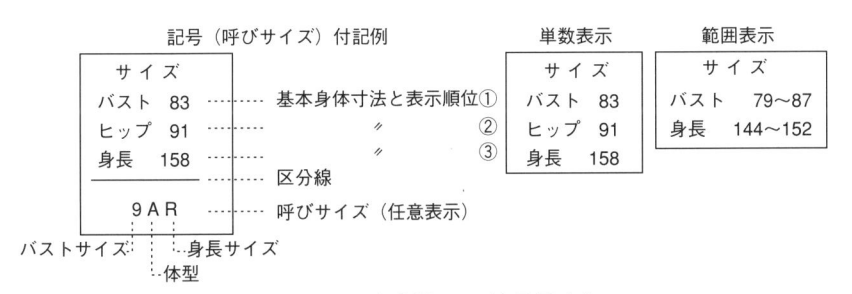

```
記号（呼びサイズ）付記例        単数表示           範囲表示
┌─────────────┐           ┌──────────┐      ┌──────────────┐
│ サイズ       │           │ サイズ    │      │ サイズ        │
│ バスト 83   │……基本身体寸法と表示順位①  │ バスト 83│      │ バスト 79～87 │
│ ヒップ 91   │……              ②        │ ヒップ 91│      │ 身長 144～152 │
│ 身長  158   │……              ③        │ 身長  158│      │              │
│             │……区分線                 └──────────┘      └──────────────┘
│  9 A R      │……呼びサイズ（任意表示）
└─────────────┘
 ↑    ↑ ↑
バストサイズ 身長サイズ
       体型
```

図Ⅱ-4　既製衣料サイズ表示例（2）

　体型区分別のサイズの呼び方は，バスト，体型，身長を組み合わせ，例えば，上図のようにA体型の身長158cm，バスト83cmの人のサイズは9ARというように呼ぶ。

　② **単数表示**　最も多く用いられている表示でフィット性を必要とするもの，フィット性を必要としないものの両方の表示に用いられ，衣料の種類によって基本身体寸法は2元または3元で表示する。例えば，フィット性を要するスカートの場合ウエスト64cmでヒップ91cmの場合は64-91と表示する。

　③ **範囲表示**　フィット性を必要としないもの，セーター，カーディガンなどのニット類やゴムをサイドに入れた，スカートやパンツ，インナーウエアなどに使用される。身体寸法で64～70cmと表示されたり，S，M，L，LL，3Lと表示される。範囲表示を表Ⅱ-7に示す。

　特殊な表示として図Ⅱ-3に示したようにブラジャーのカップサイズがあり，バストとアンダーバストの差で決められる。

　サイズの表示方法には絵表示（ピクトグラム）と寸法列記の2方法がある。図Ⅱ-3に表示例を示す。現在は列記の方法が主流であるが，国際標準化機構

表Ⅱ-7　サイズの範囲表示

	PP	P	R	T
身長	138～146	146～154	154～162	162～170

	S	M	L	LL	3L
バスト	72～80	79～87	86～94	93～101	100～108
ヒップ	82～90	87～95	92～100	97～105	102～110
ウエスト	58～64	64～70	69～77	77～85	85～93

(ISO) は文字や部位がわからなくても理解できる絵表示を定めている。

JIS サイズは服種やフィット性を必要とするかどうかによって細かく規定されなるべく多くの人をカバーするように改正された。特に体位の向上により体格の大きい若者と，小柄な高齢者に適合するようサイズが設定された。

表示の意味，内容を理解し，自己の体型によく適合する既製服を選択したい。

3) 日本人の体格

JIS サイズ改正のための日本人の体格調査が 1992 年～ 1994 年に実施された。その結果を表Ⅱ－8と図Ⅱ－5～7に示した。図中の実線は今回の調査結果，点線が 1978 年に行われた調査の結果である。前回と比較すると今回の計測結果の方が体位が向上していることがわかる。

表Ⅱ－8から女子の身長が最も高いのは 20 代で 158cm ,バスト・ヒップ・ウエストのまわり寸法の最も大きいのは 60 代である。背丈，背肩幅は標準偏差が小さく個体差の少ない項目である。頸側点から乳頭点までの距離は年齢が高くなるに従い乳頭点が下がるため，この距離が大きくなる傾向になる。アンダーバストは最大が 60 代，最小は 20 代で，標準偏差が大きい。ヒップとウエストの差は大きいほどシルエットが美しいがその差についてみると，10 代後半は 26.4cm であるが 70 代は 16.6cm と年齢が高くなるに従い小さくなる。

身長の推移についてみると男女の成長の様子の違いがよくわかる。女子の成長はほぼ 15 歳で停止し，男子は 20 代後半まで成長がみられるが，30 歳を過ぎると加齢とともに男女とも身長は小さくなっていく。ウエストの変動は男子は 50 代後半まで増加し続け，女子は 30 歳を過ぎてから 60 代後半まで増加傾向が継続する。

図Ⅱ－8は今回の計測結果の成人女子の年齢別特徴を示している。横軸は長さを表し，縦軸は太さを表している。横軸はプラス方向にいくほど短く，マイナス方向にいくほど長くなる。縦軸はプラス方向が体幹が細く，マイナス方向は体幹が太いことを示している。10 代半ばから 20 代後半までは身長や上肢，下肢が長く体幹が細くなっていく傾向がわかる。ターニングポイントは 30 代前半と 50 代前半にある。30 代以降は体幹が太くなり始める。次に 50 代ではヒップやウエストが急に大きくなり始める。また，長さ関連の部位も短くなっていく。70 歳以上になると丈項目は短くなり体幹が細くなることがわかる。図中の数字は年齢を表している。

表Ⅱ－8　日本人女子の年代別平均値

(単位：cm, σ：標準偏差)

年齢（歳）	全体	16～19	20～29	30～39	40～49	50～59	60～69	70～79
件数（千人）	19,909	3,832	8,773	7,942	9,895	8,339	6,799	4,329
身長	154.1	157.7	158.2	157.1	154.5	152.4	149.7	146.1
σ	6.5	5.3	5.3	5.5	5.3	5.3	5.4	5.5
バスト	85.4	82.3	82.1	83.1	85.9	88.0	89.1	86.9
σ	7.2	5.7	5.5	6.5	7.0	7.0	7.3	8.2
ヒップ	92.1	91.2	90.5	91.1	92.8	93.0	93.4	92.1
σ	5.7	5.0	4.8	5.5	5.6	6.0	6.0	6.2
ウエスト	69.7	64.8	63.8	66.8	70.3	72.4	76.0	75.5
σ	8.3	4.9	5.3	6.7	7.1	7.7	8.3	8.7
背丈	37.9	37.8	37.9	38.4	38.5	37.8	37.1	36.8
σ	2.3	2.2	2.1	2.1	2.0	2.2	2.4	2.6
背肩幅	38.4	39.2	39.0	38.6	38.5	38.5	37.9	37.2
σ	2.4	2.3	2.3	2.4	2.2	2.2	2.3	2.3
頸側乳頭点距離	26.7	24.8	25.2	25.9	26.8	27.5	28.3	28.2
σ	2.5	2.0	1.9	2.2	2.2	2.3	2.6	2.5
アンダーバスト	74.7	71.2	71.1	73.1	75.4	77.0	78.4	76.9
σ	6.2	4.6	4.5	5.4	5.7	5.9	6.3	7.0
座高	83.6	84.8	85.5	85.3	84.4	83.0	81.0	78.5
σ	3.8	3.0	2.9	3.0	2.9	3.1	3.2	3.6
袖丈	50.9	52.3	51.8	51.4	50.8	50.4	50.1	49.5
σ	2.6	2.5	2.4	2.4	2.5	2.5	2.4	2.4
股の高さ	68.5	71.6	71.5	70.2	68.1	67.1	66.0	64.1
σ	4.4	3.9	3.7	3.9	3.7	3.5	3.8	3.9
バスト－ウエスト	15.6	17.6	18.3	16.3	15.6	15.6	13.2	11.4
σ	4.0	3.2	3.7	3.4	3.3	3.6	3.7	3.6
ヒップ－ウエスト	22.3	26.4	26.7	24.3	22.5	20.6	17.4	16.6
σ	5.5	3.3	3.8	3.7	4.2	4.6	5.0	5.2
ヒップ－バスト	6.7	8.9	8.4	8.0	6.9	5.0	4.2	5.2
σ	4.6	3.7	3.8	4.0	4.4	4.7	4.6	5.0
バスト－アンダーバスト	10.6	11.2	11.0	10.0	10.5	11.0	10.8	10.0
σ	2.7	2.7	2.7	2.6	2.7	2.6	2.6	2.7

(人間生活工学センター：成人女子の人体測定データ, 1997, p.119)

38　第Ⅱ章　被服の選択

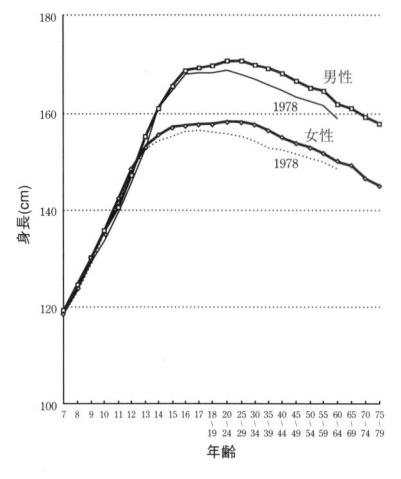

図Ⅱ-5　日本人の身長の平均値

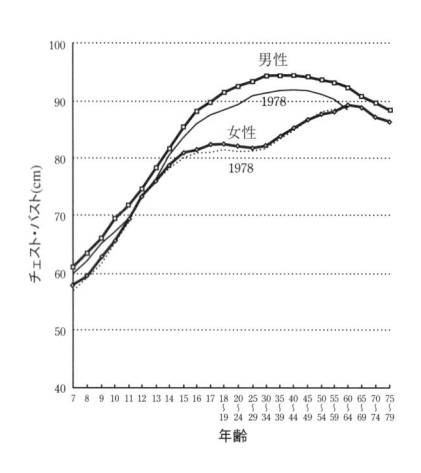

図Ⅱ-6　日本人のチェスト（男子）、バスト（女子）の平均値

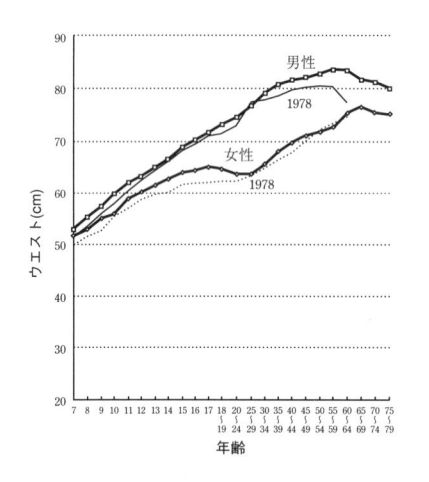

図Ⅱ-7　日本人のウエストの平均値

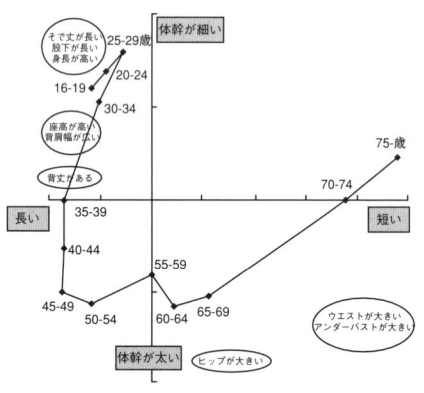

図Ⅱ-8　成人女子の年齢別特徴

（図Ⅱ-5～8，人間生活工学センター：成人女子の人体測定データ，1997，p.122, 123, 125, 126）

4. 身体の計測

　既製服を選択するには自分の体型的特徴を十分に把握しておく必要がある。人体計測には計測器を用いて人体を直接計測する方法と写真撮影などによって間接的に把握する方法がある。両者を組み合わせて計測を実施したのが JIS サイズの今回の日本人体格調査に用いられた方法で，多項目の計測を短時間で行えるレーザーによって計測する方法とマルチン式計測法を併用することにより，同じ姿勢を長時間保つ被験者の負担を少なくした。

（1）直接計測法

　直接計測法にはマルチン（Martin）式人体計測法，スライディングゲージ，巻尺による計測などがある。

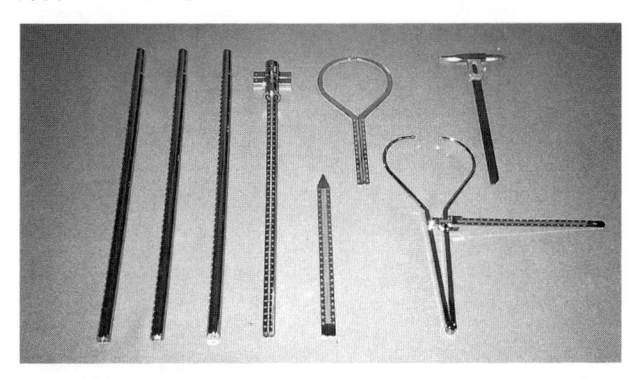

図Ⅱ－9　マルチン式人体計測器

1）マルチン式計測法

　測定器は図Ⅱ－9に示すように身長計，桿状計，触角計，滑動計，巻尺からなっている。これらの機器を用いて身体の体表の長さ，幅，厚み，高さなどを計測し，得られた数値を組み合わせて3次元的情報に発展させることができる。
　計測は基準線，基準点を正確に定めて計測することと，被験者が耳眼水平の姿勢を保つことが重要である。特徴は計測器を何処へでも持参でき手軽であるが計測に時間がかかること，計測技術に熟練を要することが難点である。

2) スライディングゲージ

並列している測定棒を体表面にあて横断または縦断形態を採取する。

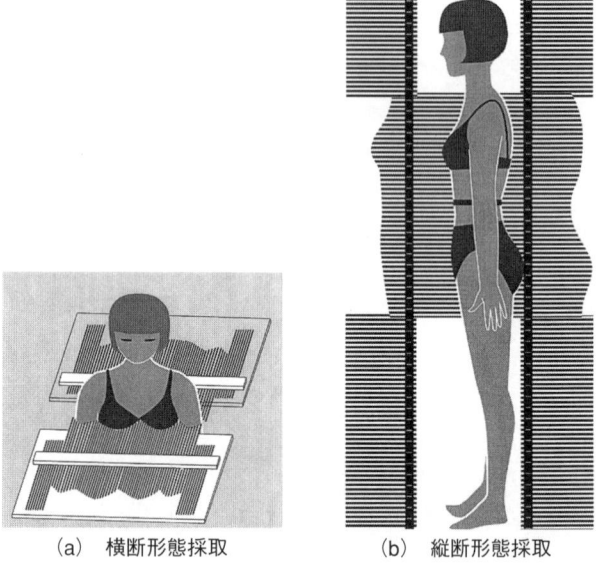

(a) 横断形態採取　　(b) 縦断形態採取

図Ⅱ-10　スライディングゲージ

3) その他の計測器具

肩傾斜の角度を計測する角度計や，皮下脂肪の厚さを測る皮下脂肪厚計がある。

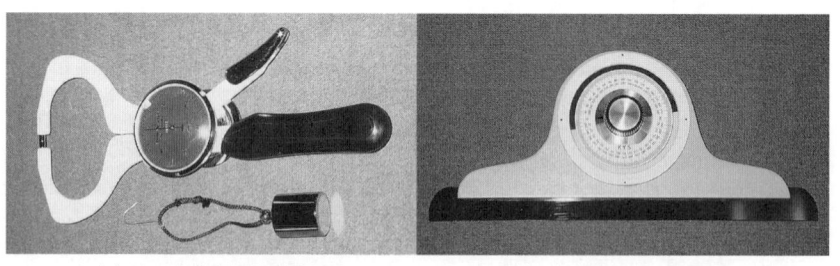

(a) KYS式皮下脂肪厚計　　(b) 肩角度計測勾配計

図Ⅱ-11　皮下脂肪厚計（a）と角度計（b）

（2） 間接計測法

シルエッター法，モアレ法，3Dカメラによる方法，X線CT法などがある。

1） シルエッター法

被験者が立つボックスとカメラの位置関係で1／10に撮影でき，正面，側面，後面シルエットの写真をもとに計測する。姿勢，プロポーションなどの形態的特徴を把握できる。被験者にはあらかじめ測定点や基準線を定めておく。

2） モアレ法

等高線の原理を用いたもので，写真上に同じ高さの所を結ぶ線を描き出すことで人体の凹凸の状態がよくわかる。人体を撮影する場合，人は呼吸があり息を吸った場合と吐いた場合では計測値が異なることを考慮し，複数のカメラを用いることが理想である。

3） 3次元的測定法

3次元的人体計測データを得るため，3Dカメラを使用する。従来の手計測と同程度の計測精度が確保できるカメラを選択する。特徴は被験者の拘束時間が短いこと，測定点を貼った人体上の3次元位置座標や身体形状を把握することができ，動作時の体系変化もとらえて画像表現できるなど進んだ計測ができるが装置が大がかりであり価格も高価である。機器により原理や撮影後の処理が異なる。

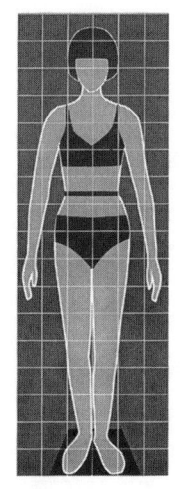

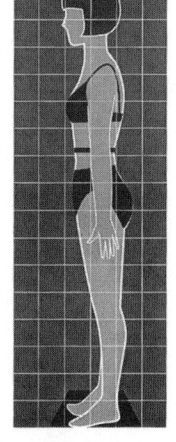

図Ⅱ－12　シルエッター法

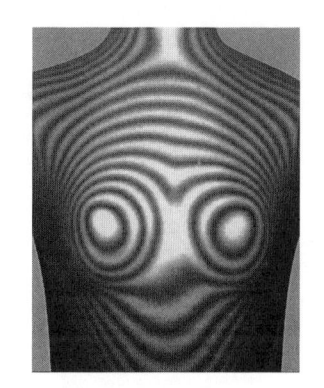

図Ⅱ－13　モアレ法

4) X線CT法

身体の横断面をX線断層写真によってとらえる。皮下脂肪層の様子や，身体の内部の情報などが収集できる。

5．既製服の品質表示

（1）繊維の組成表示

繊維製品の品質表示の内容は，(1)繊維の組成，(2)家庭洗濯等取り扱い方法，(3)撥水性の3項目である。品質表示の表示者名には表示者の所在地，または電話番号で表示し，購入した被服になにか問題がある場合は電話などによりメーカーに問い合わせることができるようになった。繊維の組成は繊維の名称と，その混用率とで表示される。指定用語は表Ⅱ-9に示す。表記は漢字，カタカナ，英語（大文字でも小文字でも可）のいずれでも記載できる。

取り扱い絵表示　繊維製品の取り扱いに関する表示記号，表示方法は日本工業規格（JIS L-0217）に明記されている。

絵表示の禁止マーク　従来は表示ラベルの禁止マークを赤で表示していた。しかし，ISO 3758では基布ならびに記号および付記用語に色の制約がない。その結果，赤表示をしなくてもよくなった。しかし，JIS L-0217では，「白地に黄，黒字に青などの配色は，識別しにくい高齢者がいることを注意する必要がある。」「基布は白，記号は黒又は紺，禁止をする印は赤又は黒，もしくは紺を用いる事を推奨する。」と補足説明している。超高齢化に向け，わかりやすく見や

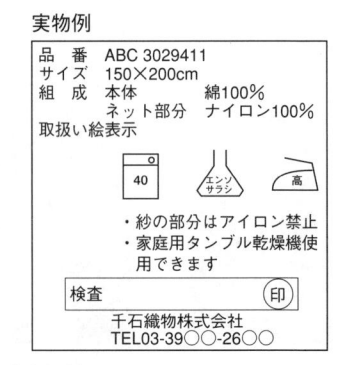

図Ⅱ-14　組成表示例

すい表示が望まれる。撥水はレインコートなど撥水性のあるものに「はっすい（水をはじきやすい）」または「撥水（水をはじきやすい）」と表示する。

（2）品質保証マーク

　法律で定められたもの以外に特定機関で管理する表示や製造業界団体が独自に自主基準を設けて行う表示など様々な表示があり，それぞれマークが決まっている。表Ⅱ－10に品質保証マークの表示例を示す。

表Ⅱ－9　繊維の名称の指定用語

綿		綿
		コットン
		COTTON
毛	羊毛	毛
		羊毛
		ウール
		WOOL
	アンゴラ	毛
		アンゴラ
	カシミヤ	毛
		カシミヤ
	モヘヤ	毛
		モヘヤ
	らくだ	毛
		らくだ
		キャメル
	アルパカ	毛
		アルパカ
	その他のもの	毛
絹		絹
		シルク
		SILK
麻（亜麻及び苧麻に限る）		麻

ビスコース繊維	平均適合度が450以上のもの	レーヨン
		RAYON
		ポリノジック
	その他のもの	レーヨン
		RAYON
銅アンモニア繊維		キュプラ
アセテート繊維	水酸基の92%以上が酢酸化されているもの	アセテート
		ACETATE
		トリアセテート
	その他のもの	アセテート
		ACETATE
プロミックス繊維		プロミックス
ナイロン繊維	ナイロン	ナイロン
		NYLON
	アラミド	ナイロン
		NYLON
		アラミド
ビニロン繊維		ビニロン
ポリ塩化ビニリデン系合成繊維		ビニリデン
ポリ塩化ビニル系合成繊維		ポリ塩化ビニル
ポリエステル系合成繊維		ポリエステル
		POLYESTER

ポリアクリルニトリル系合成繊維	アクリルニトリルの適合割合が85%以上のもの	アクリル
	その他のもの	アクリル系
ポリエチレン系合成繊維		ポリエチレン
ポリプロピレン系合成繊維		ポリプロピレン
ポリウレタン系合成繊維		ポリウレタン
ポリクラール繊維		ポリクラール
ガラス繊維		ガラス
炭素繊維		炭素繊維
金属繊維		金属繊維
羽毛	ダウン	ダウン
	その他のもの	フェザー
		その他の羽毛
前各項上欄に掲げる繊維以外の繊維		「指定外繊維」の用語にその繊維の名称を示す用語又は商標を括弧を付記したものは括弧内して示したもの（ただし括弧内は一種類の繊維に限る）。

（通商産業省：繊維製品品質表示規定の改正のポイントより）

■引用文献

（間嶋佐智子：レディスファッションの商品知識，ファッション教育社）

表Ⅱ-10 繊維製品の品質保証マーク表示例

実施団体	マーク名	趣旨	表示対象品目	実施団体	マーク名	趣旨	表示対象品目
東京育児カバー工業協同組合	おむつカバーの合格証	有害物質である遊離ホルムアルデヒドが含まれていないことの証明	おむつカバー	国際羊毛事務局	ウールマーク	新毛が99.7%以上で、素材検査と縫製検査に合格した製品につけられる品質証明マーク	衣服全般服地マフラー手編み毛糸など
(財)繊維製品検査協会	収縮率ラベル	消費者に品質を周知させるための表示	敷布、カーテン、毛布カバー、布団カバー、メリヤス生地、レース生地など	国際羊毛事務局	ウールブレンドマーク	新毛の混用率が、55～95%あるもので、ウールマーク表示製品と品質的に劣ることがないことを表示	ソックス(60%以上)、梳毛織物および二次製品(85%以上)など
(財)繊維製品検査協会	難燃ラベル	消費者に品質を周知させるための表示	床敷物(パイルのあるものに限る)カーテン、カーテン用織物など	(財)日本綿業振興会	Pure Cotton コットンマーク	紡績から縫製まで日本製で。綿100%製品につけられ、綿製品の需要拡大と品質向上のために表示	衣服全般服地インテリアなど
Qマーク管理委員会	Qマーク	品質が一定基準の繊維製品を購入するときの目安とするための表示	衣服全般敷物洋かつらなど	(財)縫製品検査協会	(シフ)SIFマーク	衣料品や繊維2次製品の縫製と仕上がりが優れている商品に表示	衣服全般繊維2次製品など
日本麻紡績協会	麻マーク	十分な品質管理を保証する	麻製品の糸、製織、染色、縫製など	皮革服装協同組合	革製衣料のマーク	表面積の50%以上が革のもの表面に材料、裏面に取扱上の注意	材料は牛、羊、鹿、豚、馬の5種類

第Ⅲ章 被服の素材

被服にはそれぞれ使用上の目的があり，その目的に適応した被服素材が要求される。そこで，被服の素材としての原料・材料の種類・性質をよく理解した上で，被服の選択や日常の管理に役立てることが大切である。

1．被服の素材と種類

被服の構成材料として最も多く使用され，また適しているものは繊維製品である。他に用途に応じて皮革製品や合成樹脂製品なども使用される。繊維製品は糸を使って平面を構成するものと，繊維そのものを接着または縮絨などにより平面を構成したものなどがある。被服素材の種類を表Ⅲ－1に示す。

表Ⅲ－1　被服素材の種類

繊維製品	非紡織製品		わた，不織布，タパクロス，フェルト，紙，スパンボンデット布など
	紡織製品	糸	織糸，編糸，縫糸，その他
		紐	より紐，組紐，編紐，織紐，その他
		布	織物，編物（ニット製品，レース編など），網など
皮革製品	皮		獣皮（牛，馬，豚，羊など）
	毛皮		ミンク，狐，狸，てん，チンチラ，兎など
	人造皮革	擬革	皮革様の外観を得るため，織物・編物の生地表面にポリ塩化ビニル樹脂などをコーティング（塗布）し，銀面仕上げしたもの（塩ビレザーなど）。
		合成皮革	織物・編物・不織布の表面にポリウレタンなどの発泡体を塗布しその上にナイロン樹脂やポリウレタン樹脂をコーティングしたもの。
		人工皮革など	ナイロンやポリエステルの極細繊維で皮革のコラーゲン繊維構造に似た3次元立体構造の不織布をつくり弾性ポリウレタン樹脂を含浸させたもの。表面仕上げはスエードタイプと銀面タイプ（表皮調）がある。
合成樹脂製品	フィルムシート　　　　　　　　　　　　　　　　　　　　　　　　　　フォーム（フォームラミネート，フォームブロック，フォームパッド）　　　　　　　　　　　　　　　　　　　　　　合成樹脂成形物		
ゴム製品	衣服用糸ゴム・ゴム紐・織ゴム・ゴムシート　　　　　　　　　　　　　　　　天然ゴム，合成ゴム（イソプレンゴム・エチレンプロピレンゴムなど）		
その他	木，金属，石，角，骨，ガラス，貝，プラスチックなど		

(1) 繊　　維

　繊維とは，日本工業規格(JIS)において「糸，織物などの構成単位で太さに比して，十分の長さをもつ，細くてたわみやすいもの」と定義されている。繊維には，短繊維(staple)と長繊維(filament)があり，化学繊維はすべて長繊維として紡糸される。短繊維は，太さが10〜100 μm程度・長さ約20〜250mm，長繊維は長さ数100〜数1,000mに及ぶものもある。

1）繊維の分類と種類

　繊維は天然繊維(natural fiber)と化学繊維(chemical fiber)に大別される。表Ⅲ-2に被服材料として用いられている主要繊維の分類と種類を示す。

　天然繊維は植物・動物・鉱物繊維など自然界にそのまま存在するものから採取される。

　化学繊維は人工的に製造された繊維で，繊維原料の種類，生成法などの違いにより，再生繊維・半合成繊維・合成繊維・精製繊維・無機繊維に分類される。

1. 被服の素材と種類　47

表Ⅲ-2　繊維の分類と種類

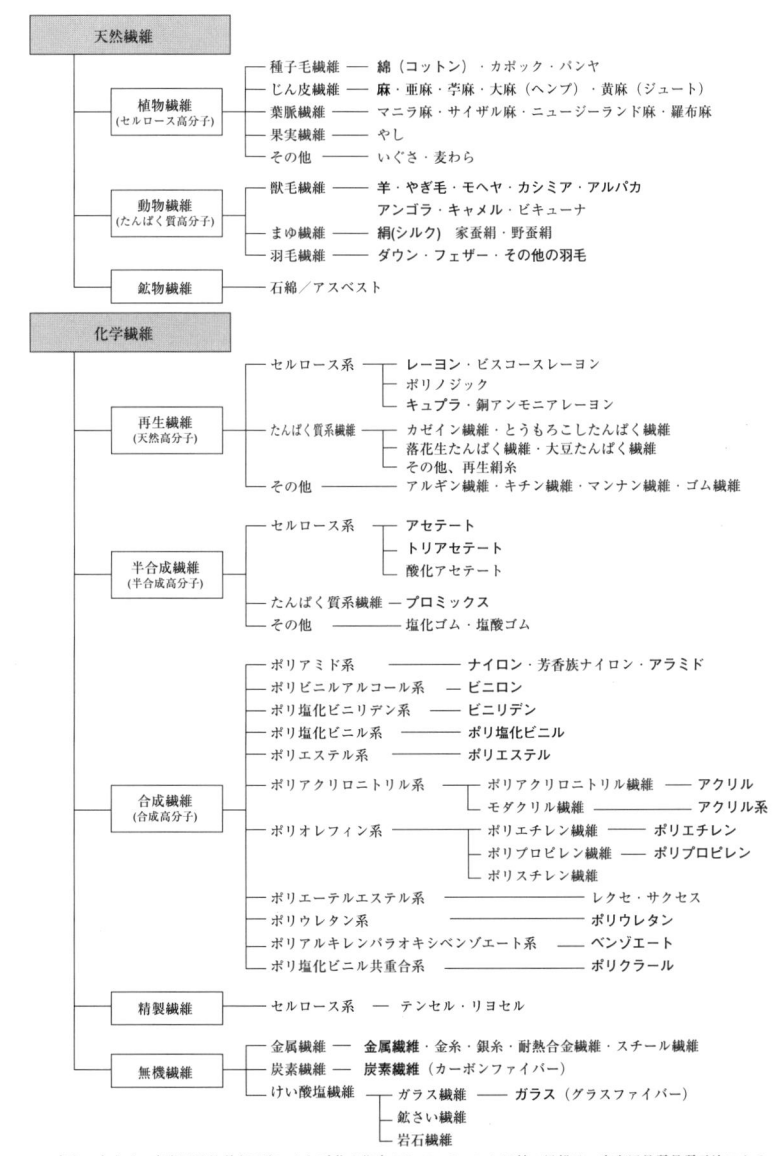

- 天然繊維
  - 植物繊維（セルロース高分子）
    - 種子毛繊維 —— **綿（コットン）**・カポック・パンヤ
    - じん皮繊維 —— **麻・亜麻・苧麻・大麻（ヘンプ）・黄麻（ジュート）**
    - 葉脈繊維 —— マニラ麻・サイザル麻・ニュージーランド麻・羅布麻
    - 果実繊維 —— やし
    - その他 —— いぐさ・麦わら
  - 動物繊維（たんぱく質高分子）
    - 獣毛繊維 —— **羊・やぎ毛・モヘヤ・カシミア・アルパカ**
      アンゴラ・キャメル・ビキューナ
    - まゆ繊維 —— **絹（シルク）**　家蚕絹・野蚕絹
    - 羽毛繊維 —— ダウン・フェザー・その他の羽毛
  - 鉱物繊維
    - 石綿／アスベスト

- 化学繊維
  - 再生繊維（天然高分子）
    - セルロース系 —— **レーヨン・ビスコースレーヨン**
      ポリノジック
      キュプラ・銅アンモニアレーヨン
    - たんぱく質系繊維 —— カゼイン繊維・とうもろこしたんぱく繊維
      落花生たんぱく繊維・大豆たんぱく繊維
      その他、再生絹糸
    - その他 —— アルギン繊維・キチン繊維・マンナン繊維・ゴム繊維
  - 半合成繊維（半合成高分子）
    - セルロース系 —— **アセテート**
      トリアセテート
      酸化アセテート
    - たんぱく質系繊維 —— **プロミックス**
    - その他 —— 塩化ゴム・塩酸ゴム
  - 合成繊維（合成高分子）
    - ポリアミド系 ———————— **ナイロン**・芳香族ナイロン・アラミド
    - ポリビニルアルコール系 —— **ビニロン**
    - ポリ塩化ビニリデン系 —— **ビニリデン**
    - ポリ塩化ビニル系 —————— **ポリ塩化ビニル**
    - ポリエステル系 ———————— **ポリエステル**
    - ポリアクリロニトリル系 —— ポリアクリロニトリル繊維 —— **アクリル**
      モダクリル繊維 —— **アクリル系**
    - ポリオレフィン系 —— ポリエチレン繊維 —— **ポリエチレン**
      ポリプロピレン繊維 —— **ポリプロピレン**
      ポリスチレン繊維
    - ポリエーテルエステル系 ——————————— レクセ・サクセス
    - ポリウレタン系 ————————————————— **ポリウレタン**
    - ポリアルキレンパラオキシベンゾエート系 —— **ベンゾエート**
    - ポリ塩化ビニル共重合系 ————————————— **ポリクラール**
  - 精製繊維
    - セルロース系 —— テンセル・リヨセル
  - 無機繊維
    - 金属繊維 —— **金属繊維**・金糸・銀糸・耐熱合金繊維・スチール繊維
    - 炭素繊維 —— **炭素繊維**（カーボンファイバー）
    - けい酸塩繊維
      - ガラス繊維 —— ガラス（グラスファイバー）
      - 鉱さい繊維
      - 岩石繊維

表中の太字は，家庭用品品質表示法により呼称が指定されている。これ以外の繊維は，家庭用品品質表示法による繊維とは認められていないものである。表示する場合は，「指定外繊維（○○○）」と表記しなければならない。

2）繊維の特徴・用途

A．天然繊維 (natural fiber)

① 植物繊維 (vegetable fiber)

　a．綿 (cotton)：綿は種子毛繊維の代表的な繊維で種子の表皮細胞が成長したコットンボールから採取する。5000年以上も昔から人類に親しまれている植物繊維の一つである。生産量も全繊維中1位で，日本における衣料用繊維消費量の約40％を占めている。生産地は中国・アメリカ・インド・エジプト・パキスタンなど全世界に分布している。おおむね天候が温暖な地域に成長する植物であるが，品種や産地によって太さ，長さが異なる。一般に繊維が長いものほど細く，品質も良好である。シーアイランド綿(海島綿)・エジプト綿は長繊維綿として紡績糸用の原料として重要であり，中国綿・インド綿は繊維が短く太くて弾力性があるので紡績糸には適さず，ふとん綿などに使用される。

・形態…繊維は20〜50mmの短い繊維で，ストローをつぶしてねじったようなリボン状でたて方向によじれがある。これを天然より(convolution)と呼び，繊維間の摩擦を大にして紡績しやすくしている(可紡性)。中空部分があり，空気を含んでいる。ふとんなどを日光にあてるとふくらむのは，綿に含まれた水分が蒸発するだけでなく，この空気層の膨張によるものである。

・化学的組成…主成分はセルロース(繊維素)で約94％，その他，たんぱく質，ペクチン質，ろう脂質などの不純物を含むが，漂白や精練などによって除去される。原綿はろう脂質があるため水にぬれにくいが，ろう脂質を除去し脱脂綿とすると，水をよく吸収する。

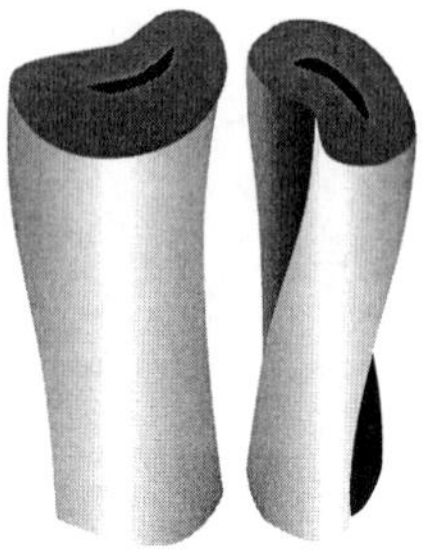

・性質…柔らかく保温性に富む。吸湿・吸水性が大で，湿潤すると強度が増大する。アルカリに対して特異な性質があり，シルケット加工(張力をかけて苛性ソーダ処理をする。マーセル化ともいう)をすると光沢や触感が絹のようになり，耐熱性，耐アルカリ性は増大，引張強度も大である。染色性に優れ鮮明な色に染まる。綿は一般に日光に対して比較的強いが，長時間さらすと強度が低下し，黄変する。伸度は小で，しわになりやすい。またかびが生えやすく，燃えやすく，乾きにくいなどの欠点がある。

図Ⅲ－1　綿繊維の構造

・用途…綿は天然繊維の中で最も安価で，上記のような非常にすぐれた性質をもっているので，各種服地，下着，タオル地，寝具など幅広く使用されている。

b. 麻：麻は，天然繊維の中で最も涼しい繊維といわれ，植物じん皮部から採取される繊維素材である。高温・高湿の季節の被服に適し，1万年以上前から使用されていた。麻の種類は多く，亜麻，大麻，苧麻，黄麻，マニラ麻，ニュージーランド麻などがある。衣料用繊維として「麻」と品質表示できるものは，亜麻と苧麻である。

（1）　亜麻 (linen)：亜麻は寒冷地に育ち，その主な産地はロシアである。その他，北ヨーロッパ諸国，カナダ，アルゼンチンなどでも産するが，ベルギー産が最良質とされている。亜麻は一年生の植物で約1m前後の細く長い茎をもつ。落花後結実するが，繊維として採取するときは，実が熟さないうちに刈り取り，じん皮部を構成している繊維を分離して紡績する。

・形態…繊維のたて方向に細い線があり，繊維の先端は細くとがっている。側面の横方向には竹の節のような関節状の結節がある。断面は五〜六角形で，細胞壁が厚く中空は小さい。単繊維長は20〜30mm，太さは13〜31 μm である。

・化学的組成…亜麻の主成分は約80％がセルロースで，その他，ろう脂質，灰分，ペクチンなどを含んでいる。

・性質…綿とよく似ているが，引張強度は綿より大で，伸度は小である。弾性に乏しくしわになりやすく，回復も悪い。最近は合成繊維との混用により欠点をカバーしている。熱伝導性が大で，吸水性，放水性に富んでいるため涼感がある。漂白・精練などの加工により絹様の光沢も得ることができる。

・用途…長繊維は服地，ハンカチ，テーブルクロスその他高級衣料用，短繊維はホース，テント，縫糸などに用いられる。

（2）　苧麻 (ramie)：苧麻は温暖地に育ち，その主な産地は中国・フィリピン・ブラジルである。約2.5mと背の高い植物で，繊維が太く長い。天然繊維中，最もシャリ感があり，涼感・弾力性がある。

・形態…平滑な表面をもち，繊維の先端は丸みを帯びている。断面は中空の一部が尖った部分のあるつぶれた長円形である。単繊維長は50〜200mm，太さは15〜80 μm である。

・性質…亜麻とよく似ているが，色は白く絹のような光沢がある。

・用途…日本では古くから上布と呼ばれ夏の和服地として使用されている。

② 動物繊維

a．羊毛(wool)：獣毛には軟毛と剛毛があるが，羊毛は大部分が軟毛である。羊毛は一般的に，緬羊（メリノ種など）の毛のことをいう。羊の種類はきわめて多く，その種類によって，繊維長，太さが異なる。羊毛は年1回春から初夏に刈り取られる。毛の質は羊の体の部分によって長さ・太さ・光沢などに違いがある。羊毛の最大生産国はオーストラリアで，その生産量の約75％がメリノ種である。日本の輸入羊毛は約80％がメリノ種である。

・形態…羊毛は他の繊維にはみられない特徴をもっている。繊維は，表皮部(cuticle)，皮質部(cortex)，毛髄部(medulla)からなる。毛髄部はメリノ種など改良されたものにはほとんどみられない。表皮は鱗片状(scale)を呈し，このスケールが繊維間のからみ合いを大にして可紡性を高め，また，温弱アルカリ性の溶液中で強くもんだり圧力をかけるとスケールが絡み合って縮絨（フェルト）現象をおこす。内部は，オルソコルテックスとパラコルテックスという組成のやや異なる2層構造になっており，この構造がオルソコルテックスを外側に，パラコルテックスを内側にして繊維自体が縮れながらよじれるという捲縮(crimp)の特性をもたらしている。捲縮は糸や布にした場合，かさ高になり，含気性が大で保温効果が高く，伸縮性に富む性質を与えている。

・化学的組成…主成分は，ケラチンというたんぱく質で，糸状分子間の架橋の役目をになう硫黄を含むアミノ酸のシスチンによりシスチン結合をしている。この羊毛独特の結合構造は，熱セットすると一定の形を保持するセット性をもつ。これは羊毛の縮絨の性質とともに他の天然繊維にはない特徴である。

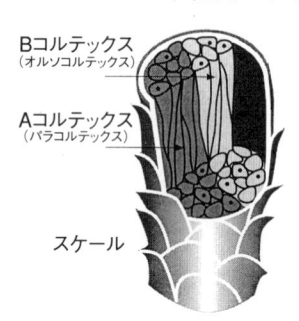

図Ⅲ-2　羊毛繊維の構造

・性質…強度は木綿の1／2以下で，湿潤するとさらに20～30％低下し伸びやすくなる。高い保温性・伸縮性・弾力性があるため製品にした場合，回復力がよく，型くずれしにくい。対化学的性質としては，酸には強いがアルカリに弱い。染色性はよいが日光により黄変する。織物・編物にした場合，ピリング

(毛玉)になりやすい。湿潤した状態で,もみ合わせると縮んで硬くなりフェルト化などの性質があるので洗濯などの取り扱いに注意する必要がある。
・用途…採取された羊毛の種類により用途は違うが,高級服地・肌着・編物用糸・毛布・カーペットなど,主に防寒衣料として用いられている。

b. その他の獣毛繊維:山羊毛,モヘヤ,カシミヤ,アルパカ,ビキューナ,らくだ毛,馬毛,兎毛などがある。これらの獣毛は,細い・柔らかい・軽い・美しい光沢などの特性により利用されているが,いずれも希少で高価なため,混紡,交織,交編などとして用いられることが多い。

(1) 山羊毛:アンゴラ山羊の毛はモヘア(mohair)と呼ばれ,長く太い繊維で,光沢があり,弾力性に富む。服地・インテリア製品に用いられる。カシミヤ(kashimere hair)はインドのカシミールおよびチベットの原産で,寒暑の厳しい山岳地帯に生育するカシミヤ山羊の柔毛(うぶ毛)である。繊維が細く(直径14.5〜16.5 μm)非常に柔らかくて軽い。上品な光沢と独特のヌメリ感がある。1頭のカシミヤ山羊からとれる柔毛はわずか150〜200gである。

(2) アルパカ,ビキューナ:アルパカ(alpaca)は,南米のアンデス山脈に産するラクダ類ラマ属のアルパカからとれる獣毛で,なめらかな手ざわりをもち,丈夫で,絹のような光沢がある。ビキューナ(vicuna)は,アルパカの仲間の獣毛から採取する。アルパカは家畜化できたが,ビキューナは家畜化できないため生息数が少なく,稀少価値があり高価である。毛製品の中で感触,風合い,光沢などに優れ,最高級の衣服素材とされている。

(3) らくだ毛(camel wool):ふたこぶラクダからとれる脱落軟毛で,細く,柔らかく,保湿性,弾力性に富むきわめて稀少な高級品である。染色性が悪いので,ほとんどがナチュラルカラー,いわゆるらくだ色で用いられる。産地はモンゴル,中国西北部,中央アジアなどで,生産量は,羊毛の約0.14%と少ない。

以上の獣毛繊維は一般に虫害に侵されるので保存には防虫剤を必要とする。

c. 絹(silk):絹は蚕(silk worm)がつくる繭(cocoon)から採取され,天然繊維では唯一の長繊維である。美しい光沢,しなやかな触感が昔から珍重されている。中国では約3000年前より養蚕,絹布製造の技術があり,この美しい繊維はシルクロードを通って世界に広まった。当時,絹は非常に貴重な品で,同じか

それ以上の重さの金と交換されていた。現在，約50％は中国で生産され，他に日本・インド・旧ソ連が生産している。消費量は日本が約40％弱，他に中国，アメリカ，旧ソ連が続く。養蚕法によって屋内で飼育される蚕からとれる家蚕絹と山野で生息する蚕から得られる野蚕絹の2種類がある。一つの繭からは短いもので600〜800m，長いものは1,200〜1,500mの糸が取り出される。

・形態…蚕の体内にある二つの絹糸腺によってつくられ口から吐き出されるときに，2本のフィブロインはセリシンによって1本の繊維のようにまとめられる。フィブロイン繊維の断面は大小不均一な三角形をしている。この三角断面がプリズム効果となって絹特有の光沢を放つ。フィブロインを構成するフィブリル間には空気溝があり(ミクロボイド)，これは絹の吸水性，染色性に関係し，光沢にも影響するとみられる。

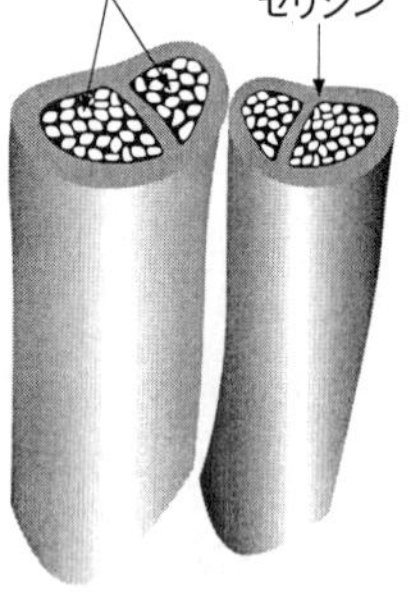

・化学的組成…繊維の約75％を占めるフィブロインを約22〜23％のにかわ質のセリシンが包んでいる。両方ともたんぱく質である。

・性質…美しい光沢をもち，軽く暖かい。フィブリルとフィブリルの間に空間があり，それが保温効果をもたらし，繊維重量を軽くしている。吸湿・発散性に優れている。酸には，綿より強いが羊毛より弱い。アルカリには綿より弱いが羊毛より強く，引張強度は大である。日光により強度はかなり劣化し，白いものは黄変する。染色性はよい。虫の害を受けやすい。

図Ⅲ－3　絹繊維の構造

・用途…絹には他の繊維にない特性としてドレープ性が挙げられるが，その美しい柔らかな審美性から，高級服地から肌着まで広範囲に用いられている。絹織物には，セリシンを糸の段階で除去(練糸)して織った練織物(先練り，銘仙・御召・本絹緞子)と，生糸のまま織って後除去した生織物(後練り，羽二重・縮緬)がある。なお，絹の欠点であるアルカリや日光に弱い点などを補ったハイブリッドシルクと呼ばれる繊維がつくられている。この繊維はナイロンなどの合成繊維を芯にして外側に絹繊維を巻きつけた複合糸で細くて強い実用的な繊維として利用され始めている。

③ **鉱物繊維** (mineral fiber)

石綿 (asbestos):石綿は岩石を形成する鉱物の蛇紋石および角閃石グループに属する繊維状の無機ケイ酸塩で，ILO(国際労働機関)で6種類に分類されている。クリソタイルが大部分で，他にアモサイト，クロシドライトがあるが，人体に及ぼす影響を考慮してアモサイト，クロシドライトは現在使用されていない。

・形態…繊維状の結晶体。繊維長は 10～50mm，太さは 0.7～1.5 μm。
・化学的組成…二酸化ケイ素，酸化マグネシウムが主成分である。
・性質…耐熱性，電気絶縁性，耐薬品性などがある。
・用途…石綿の用途は広大な工業分野に拡がっており，多くの場合，石綿繊維のままの姿で使用されることは少なく，他の原料と組み合わせて用いられている。天然・合成ゴム，プラスチック，セメント，天然または人造繊維と組み合わせて，紡織品，スレート，その他の建築材料などに広範囲に使用されている。石綿紡織品は防熱布団の外被・防火用衣服などに使用されている。

B．化学繊維 (chemical fiber)

化学繊維は，人工の繊維，つまり人間がつくり出した繊維 (man-made-fiber) で，再生・半合成・合成・精製・無機繊維に分類することができる。

① **再生繊維** (regenerated fiber)　再生繊維は，使用原料により，セルロース系・たんぱく質系・その他に分類される。天然原料を溶解し，これを紡糸口金から押し出し，凝固再生させた繊維である。主なものにレーヨン，キュプラ，ポリノジックがある。

a．レーヨン (rayon)：レーヨンは人造絹糸として，1892年に実用化された最初の人造繊維で，ビスコースレーヨンともいう。木材などに含まれる天然セルロースを原料とし，アルカリ(水酸化ナトリウム)と二硫化炭素と反応させ，これを紡糸口金から硫酸水溶液中に押し出し，凝固させた繊維である。
・性質…長所は，独特の光沢，良好な染色性，手触りもしなやかなことである。また静電気が発生しにくく耐熱性があり，高温でも溶融しない。吸湿性はある。水に濡れると強度が著しく低下し，伸度が大となる。しわになりやすく回復も悪いため，樹脂加工によって改良し，防しわ性をはかっている。耐光性は悪い。
・用途…婦人服地，ブラウスシャツ，手芸糸，カーテンなどに広く用いられる。

b．キュプラ (cupra)：綿実から綿花を取り去った後に残るコットンリンターパ

ルプを原料とし酸化銅アンモニア溶液に溶解し，紡糸口金から押し出し，凝固再生させた繊維である。
・性質…レーヨンとよく似た性質をもつが，原料の質がよいのでレーヨンより優れている。耐摩耗性もある。
・用途…キュプラは主に裏地として使用されている。

　c．ポリノジック (polynosic rayon)：組成はレーヨンと同じであるが，製法に改良を加えて，約2倍の強度が得られた繊維である。アルカリに強く，光沢があり，湿潤強度も大である。伸度も低く，防しわ性も向上している。コットンの風合をもち，婦人服地，ブラウスシャツなどに使用される。

　② **半合成繊維** (semi-synthetic fiber)　　天然セルロースと薬品で繊維を合成したもので，1919年ごろに工業化された。アセテートが代表的である。

　アセテート，トリアセテート：木材パルプなどの天然セルロースと酢酸を原料とし，酢酸セルロースをつくり，それをアセトンに溶解して紡糸原液をつくる。酢化度が55％のものをジアセテート，約61％のものをトリアセテートという。アセトンを蒸発させて紡糸する乾式紡糸法である。
・性質…美しく風合がよい。引張強度は小さいが弾性に富み，軽く，光沢がある。吸湿性は劣る。耐熱性は小であるが熱可塑性がよいので，ブリーツ加工などに適している。アルカリに弱く，染色性も劣る。アセトン，シンナーに溶解する。かびが生えやすい。
・用途…婦人・子ども服地，下着，和服地など装飾的被服材料に適している。

　③ **合成繊維** (synthetic fiber)　　合成繊維は，原料に天然の繊維素をいっさい使わず，石油，石炭，天然ガスなどを原料として，繊維になる糸状高分子を化学的に合成した繊維である。化学の発達により様々な合成繊維をつくることができるので，種類は非常に多い。被服材料としては，ナイロン，ポリエステル，アクリルが主要な繊維で，これらは世界三大合成繊維とされている。日本では日本で開発されたビニロンを加え，四大合成繊維としている。合成繊維の種類によってそれぞれ持色はあるが，共通した性質として，弾性にすぐれ，防しわ性が大でウォッシュアンドウエア (W & W) 性がある。強度は大で摩擦に強く，被服として耐久性が大である。かびに侵されず，耐薬品性も大である。しかし吸湿性が小さく，帯電しやすい。ピリングが発生しやすく熱可塑性がある。

a．ナイロン (nylon)：ナイロンは絹の性質に類似させようと研究開発されたもので，1938年，アメリカのデュポン社によって開発され，その後各国で大量に生産されている合成繊維である。炭化水素基がアミド基で結合されたものが線状に繋がったものである。炭素原子の結合状態により，ナイロン66，ナイロン6，ナイロン610，ナイロン11などに分類される。太い繊維と，数本以上の細い単繊維を集束した繊維とがあり，後者はナイロンの熱可塑性を利用してかさ高加工を行い，ウーリーナイロンがつくられる。用途は広く，単独あるいは他の繊維と混用して用いられ，耐久性を要求する衣料の材料として利用されている。引張や摩擦にも強いので，従来の絹でつくられた女性用ストッキングはナイロンでつくられるようになった。

b．ポリエステル (polyester)：ポリエステルは，1941年イギリスで開発され，現在最も多く生産されている合成繊維である。主原料は石炭，石油，天然ガスなどがある。ポリエステル系合成繊維は，グリコールとジカルボン酸またはオキシカルボン酸との縮重合物であるポリエステルを溶融紡糸したもので，長繊維と短繊維が製造され，短繊維は他の繊維と混紡して広く用いられている。ナイロンと同様に熱可塑性を利用して，かさ高な長繊維糸や，捲縮スフなどがつくられている。性質としては吸湿性がほとんどないので乾きやすい。しわになりにくい。耐熱性は合成繊維中で最も大であり，実用的で丈夫な繊維である。

c．アクリル (acryl, acrylic)：1950年にアメリカで工業化されたもので，アクリロニトリルを主成分とする共重合体を溶媒により溶解して紡糸原液をつくり，湿式または乾式で紡糸してつくった合成繊維である。アクリル成分だけでは繊維として不十分なため，数種の化合物(アクリル酸メチル，アクリル酸エステル，塩化ビニルなど)を共重合させ繊維分子を合成している。この化合物の差異によって種類が多い。アクリロニトリルを85％以上含有するものをアクリル，50％以下の場合をアクリル系と呼ぶ。強度はナイロン，ポリエステルに比較して小であるが，毛に似た感触をもち，軽く，染色性に優れ，保温性に富んでいる。アルカリに対して強度が低下する。

・用途…ウールに似たかさ高性があるので，ニット製品，手編毛糸，毛布やカーペットなどの起毛製品やその他の被服材料として広く用いられている。

d．ビニロン (vinylon)：1939年に日本で開発された。ポリビニルアルコール系

繊維で，前記の3合成繊維に比べると生産量は少ない。性質は合成繊維中で吸湿・吸水性が最大で，軽くて保温力もあるが，弾性が小さく，しわになりやすい。薬品やバクテリアに強いので，海水中でも腐食しない。強度は，ポリエステル，ナイロンに次いで大きい。総合的には綿に似た性質で，用途は作業服，学生服，ロープ，漁網，テント，ベルトなど実用被服材料などである。

　e．その他

　(1)　ポリウレタン (polyurethane)：1940年ドイツで開発され一般名をスパンテックスともいう。高弾性繊維としてつくられ伸縮度がきわめて大であるため，ゴム糸の分野や，織物やニット製品などの特殊な用途がある。天然ゴムのように老化はきわめて少なく，耐摩耗性，耐熱性もすぐれた丈夫な繊維である。

　(2)　ポリプロピレン (polypropylene)：1958年イタリアで開発された最も軽い(比重0.9)繊維である。吸湿性がなく，染色性に劣り，触感がよくないので衣料用に用いられなかったが，水を全く吸収しないので，レジャー・スポーツ用衣料や保温用下着などに利用されている。他の繊維との混用でも用いられる。

④　**精製繊維** (refined fiber)

　テンセル (Lyocell)：英国コートルズ社が開発した。製造過程で，人や環境に影響を与える化学薬品を一切使わない，環境にやさしく新しい精製/セルロース繊維である。原料は，木材に含まれる天然のセルロース繊維を精製した木質パルプで，独特の風合いと光沢があり，柔らかい・肌ざわりがよい，などの特徴をもつ。テンセルそのものにリサイクル性があり，燃やしても土に埋めても環境に影響がなく，時間がたてば自然に還る。テンセルはレーヨンやポリノジックよりセルロース分子が長く，緻密なため水に対して強い。吸水すると生地が硬くなるが，吸水率はレーヨンより小さく乾きやすい。また，湿潤による強度低下や寸法変化も小さい。毛羽立ちやすいが，生地になった状態でぬらして，繊維と繊維をすり合わせる揉み加工や，酵素減量加工によって，スエードタッチ，ピーチスキン調の柔らかい風合いを出すことができる。

⑤　**新合繊**　　近年，従来の天然繊維や化学繊維のもつ性質，機能を見直し，すぐれた風合いのよさ，快適性，美しさなどを追求した新合繊が登場している。繊維素材は主としてポリエステル長繊維が対象になっている。図Ⅲ-4にその繊維形態と布帛になった場合の特徴の例を示した。

異型断面

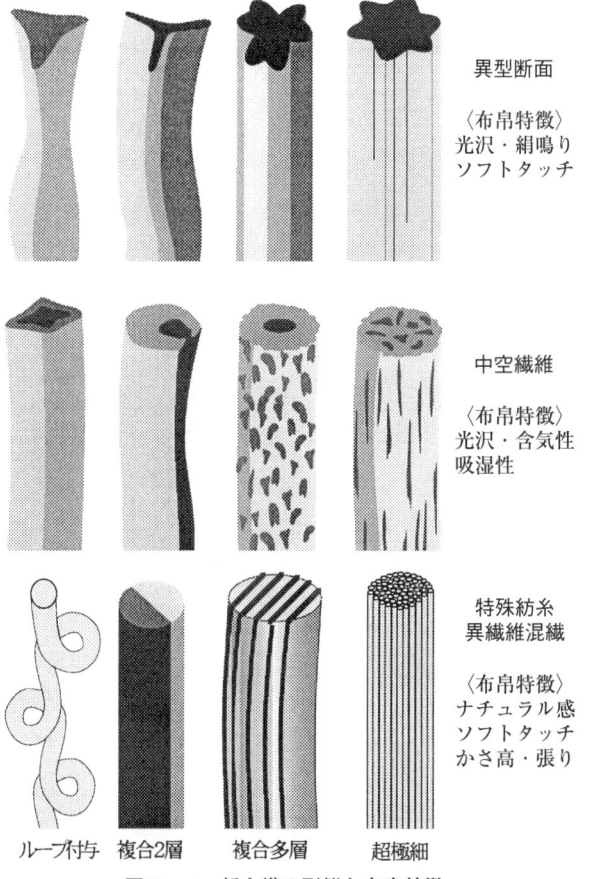

〈布帛特徴〉
光沢・絹鳴り
ソフトタッチ

中空繊維

〈布帛特徴〉
光沢・含気性
吸湿性

特殊紡糸
異繊維混繊

〈布帛特徴〉
ナチュラル感
ソフトタッチ
かさ高・張り

ループ付与　複合2層　複合多層　超極細

図Ⅲ-4　新合繊の形態と布帛特徴

3) 繊維の鑑別

　被服を管理するためには、その被服素材の繊維が何であるかを知り、それにより適切な処置をすることが必要である。通常はその被服に付されている品質表示によって知ることができるが、表示のない場合や不正確なときは、鑑別が必要となってくる。繊維の鑑別方法には、顕微鏡による繊維の側面・断面の観察、比重による方法、燃焼法、化学薬品に対する溶解性、試薬に対する呈色の差による方法などがある。これらの方法をいくつか組み合せて鑑別することが望ましい。1種類の繊維で構成されている場合は比較的わかりやすいが、混紡や交織は判別がむずかしく、経験が必要である。表Ⅲ－3に鑑別法一覧を示す。

表Ⅲ－3　繊維の鑑別法

繊維	燃焼試験				試薬による溶解性				
	燃える状態	臭い	灰の状態	ガス	カセイソーダ	塩酸	硫酸	ギ酸	アセトン
綿	燃えやすい	紙の燃える臭い	灰色で柔らかい	酸性	×	×	○	×	×
麻	燃えやすい	紙の燃える臭い	綿より濃い灰色	酸性	×	×	○	×	×
毛	じりじりと固まりながら燃える	毛髪の燃える臭い	黒褐色の脆い塊	アルカリ性	○	×	×	×	×
絹	じりじりと固まりながら燃える	毛髪の燃える臭い	黒褐色の脆い塊	アルカリ性	○	×	×	×	×
レーヨン	パッと燃える	紙の燃える臭い	ほとんど残らない	酸性	×	×	○	×	×
アセテート	溶けながら燃える	酢の臭い	硬い黒色の塊	酸性	×	×	○	○	○
ナイロン	透明に溶けながら徐々に燃える	アミド特有の臭い	硬いガラス状の玉	アルカリ性	×	○	○	○	×
ポリエステル	黒煙を上げ溶けながら燃える	甘い芳香臭	硬い黒褐色の玉	酸性	×	×	×	×	×
アクリル	軟化し炎を上げて燃える	毛髪燃焼臭様の特臭	硬い不規則な黒塊	酸性	×	×	×	×	×
ビニロン	黒煙を上げ収縮しながら燃える	ビニルの燃える特臭	縮れた塊	酸性	×	△	△	△	×
ポリプロピレン	収縮しながら徐々に燃える	蝋の燃える臭い	ほとんど残らない	酸性	×	×	×	×	×
ポリ塩化ビニル	炎の中では燃え、離すと消える	塩素臭	脆い不規則な黒塊	酸性	×	×	×	×	△
ビニリデン	炎の中では燃え、離すと消える	塩素臭	脆い不規則な黒塊	酸性	×	×	×	×	×
ポリウレタン	溶けて収縮、離すと消える	かすかな特異臭	粘着性のゴム状塊	酸性	×	×	○	×	×

○溶解　　×不溶　　△部分溶解

(2) 糸の種類と形態
1) 糸の種類

糸は布地を構成するために，繊維を集束させて長い糸状にしたものである。糸の種類は多く，表Ⅲ－4のように分類される。

表Ⅲ－4　糸の分類

原料別	綿糸，麻糸，絹糸，ナイロン糸，ポリエステル糸，アクリル糸，○○混紡糸，○○混繊糸など
造法別	紡績糸……… 短繊維を紡績工程により製造，撚りをかけたもの。綿糸・梳毛糸・紡毛糸・スフ糸など。 フィラメント糸…化学繊維の長繊維を引き揃えて糸とする。マルチフィラメント，モノフィラメント，異繊維を集束した混繊糸など。 製　　糸……… 絹糸を繭から引き出して集束して1本の糸とする。生糸。 飾り糸……… 糸の太細，色，撚り数などの装飾的外観を加えた糸，意匠糸ともいう。くさり糸・スラブヤーン・ノットヤーン・リングノットなど。
加工別	ガス焼糸 ……糸の表面の毛羽をガスの炎で焼き表面を平滑にしたもの。ミシン糸など。 シルケット加工法…光沢や染色性が向上するよう綿糸を水酸化ナトリウム液で処理したもの。ブロードなどに使用。 樹脂加工糸 …種々の樹脂液で処理し，防しわ・防縮性を与えたもの。 かさ高加工糸…合成繊維の熱可塑性を利用してかさ高・伸縮性を付与したもの。 漆糸 …………漆を塗布した鳥の子紙を芯糸に巻きつけたもの。光沢・装飾性付与。 箔糸 …………金銀箔やアルミ箔などを細長く切り，芯糸に巻きつけたもの。光沢・装飾性付与。

2) 糸の太さ

① **繊　度**　糸の太さは，重さと長さの関係で表し，長繊維糸と紡績糸によって異なる表し方が適用されている。糸の太さは糸の直径を表すものではないので，同じ繊度 (番手やデニール) でも見た目の太さは異なることがある。一般に長繊維糸はデニール (恒長式) で表し，紡績糸は番手 (恒重式) で表すが，綿糸，毛糸，麻糸などでは，それぞれ異なる方法が用いられていた。しかし1999 年 10 月 1 日から計量法の改正に伴ってデニールは，テックスに統一された。番手は，暫定的に継続使用される。

恒重式は，糸の長さに比例して，重量に反比例するものである。数が大きいほど細い。番手は N で表す。恒長式は，糸の重量に比例して，長さに反比例するものである。数が大きいほど太い。テックスも単位は異なるが重量と長さとの関係はデニールと同じである。

② **撚りと合糸数**　「撚り」は，繊維に撚りをかけ互いに絡み合わせたもの。糸の絡み合いや強度を増大するために重要である。一般に紡績糸では撚りが多くなるほど強度が増すが，しかし限度 (飽和撚り) を超えると弱くなる。長繊維

糸は撚りが多くなるほど強度が低下する。撚り数は用途によるが，長繊維糸では1メートル当たり，紡績糸では，1インチ当たりの撚りの回数で表される。撚りは掛ける方向によってS撚り(右撚り)とZ撚り(左撚り)があり，一般にはZ撚りが用いられている。繊維を引き揃えた束が1本のものを単糸といい，2本以上の単糸を撚り合わせた糸を諸糸または諸撚糸という。また，2本の単糸を撚り合わせた糸を双糸または二子糸といい，3本の単糸を撚り合わせたものを三子糸という。合糸数は，撚り合わされた単糸の数で表す。3本以上の単糸を合わせた糸は特殊な用途に使用される。

(3) 布地の構成
1) 織 物
　織物は，平行に並べた複数のたて糸(経糸)に対して，一本のよこ糸(緯糸)が直角に交差して平面構成された布地のことである。織物の歴史は非常に古く日本ではすでに縄文時代にはあった。被服の素材として最も多く使用されている。

　① **織物の分類と構成**　織物の種類は多種多様であるが，原料別，製法別，柄・意匠別，用途別に分類される。またたて糸，よこ糸の組み合わせ方(組織)によって表Ⅲ－5のように分けられる。組織は，糸が一定の規則に従って上下に交錯し，この交錯の仕方によって，織物の外観，風合い，性能などに大きい影響を与えている。たて・よこ糸の交錯の仕方を表したものを組織図という。

　三原組織　平織，綾織，朱子織を三原組織といい，織物の基本となる組織である。

　a．平 織：図Ⅲ－5に平織組織を示す。たて糸とよこ糸が交互に1本ずつ交錯して織られるもので各種織物の中で最も簡単で緊密であるため丈夫な織物ができ表裏がないため，実用的な織物として多く利用されている。

　b．綾 織：斜文織ともいわれ，たて・よこ糸が2本または2本以上ずつ交錯して，布の表面に斜文線が表れる織り方である。平織より組織点は少ないが，織密度を多くすることによって丈夫な織物をつくることができる。布面は柔軟性があり，平織よりも光沢に富む。

　c．朱子織：たて・よこ糸の交差点が少なくなり，組織点が連続しないという

1. 被服の素材と種類　61

表Ⅲ-5　織物組織の分類

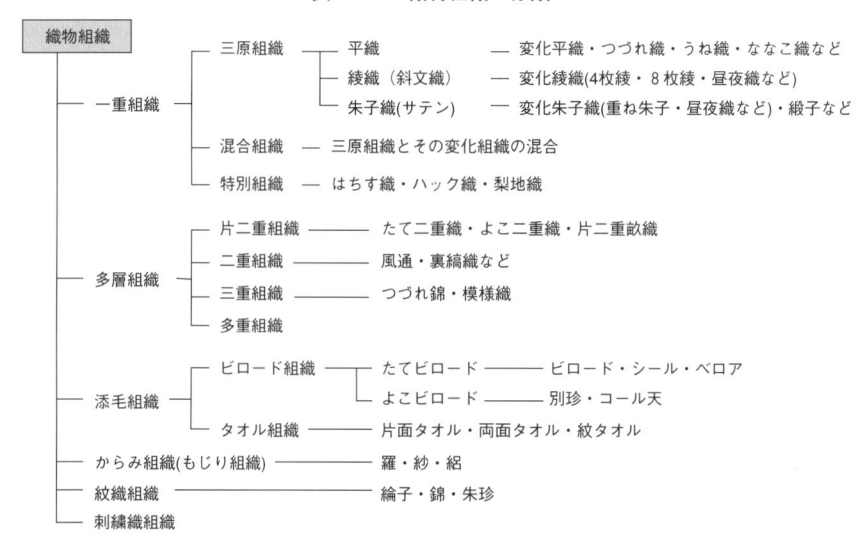

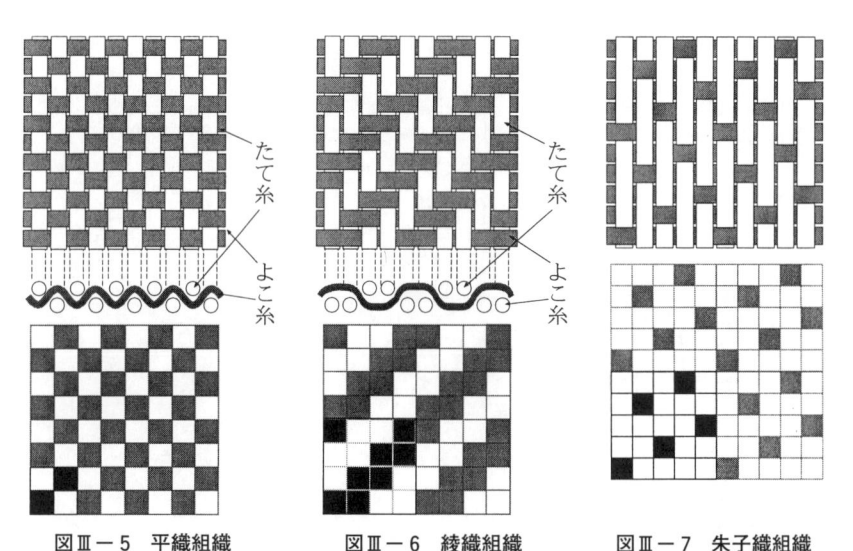

```
織物組織 ─┬─ 一重組織 ─┬─ 三原組織 ─┬─ 平織 ────── 変化平織・つづれ織・うね織・ななこ織など
　　　　　│　　　　　　│　　　　　　├─ 綾織（斜文織） ── 変化綾織(4枚綾・8枚綾・昼夜織など)
　　　　　│　　　　　　│　　　　　　└─ 朱子織(サテン) ── 変化朱子織(重ね朱子・昼夜織など)・緞子など
　　　　　│　　　　　　├─ 混合組織 ── 三原組織とその変化組織の混合
　　　　　│　　　　　　└─ 特別組織 ── はちす織・ハック織・梨地織
　　　　　├─ 多層組織 ─┬─ 片二重組織 ─── たて二重織・よこ二重織・片二重畝織
　　　　　│　　　　　　├─ 二重組織 ───── 風通・裏縞織など
　　　　　│　　　　　　├─ 三重組織 ───── つづれ錦・模様織
　　　　　│　　　　　　└─ 多重組織
　　　　　├─ 添毛組織 ─┬─ ビロード組織 ─┬─ たてビロード ── ビロード・シール・ベロア
　　　　　│　　　　　　│　　　　　　　　└─ よこビロード ── 別珍・コール天
　　　　　│　　　　　　└─ タオル組織 ─── 片面タオル・両面タオル・紋タオル
　　　　　├─ からみ組織(もじり組織) ───── 羅・紗・絽
　　　　　├─ 紋織組織 ──────────────── 綸子・錦・朱珍
　　　　　└─ 刺繍織組織
```

図Ⅲ-5　平織組織　　　図Ⅲ-6　綾織組織　　　図Ⅲ-7　朱子織組織
　　　　　　　　　　　　　　　　　　　　　　　　　（3飛5枚朱子）

特徴がある。たて糸の浮きの多いものをたて朱子，よこ糸の浮いたものをよこ朱子というが，一般にはたて朱子が多い。この組織は，平織，綾織に比べ，光沢，柔軟性に富んでいるが，浮き糸方向にすべりやすく摩擦に弱い。

以上のほか，基本の組織を変化させて，組織分類表のように多種類の織物が生産されている。

2) 編　　物

編物組織の分類　　編物は，糸または紐状のものを，たて，よこ方向にループをつくりながらからみ合わせ，平面または立体にしたものである。編み目がよこ方向に並んでできる列を course，たて方向にできる行を wale という。編物のことをスペイン語ではメディアスといい，編物のことがメリヤスともいわれているのはこのスペイン語に由来している。編物は伸縮性と多孔性に富み，柔らかいため，肌着(インナー)から外衣(アウター)まで広範囲にわたって使用されている。ループが互いにからみ合う状態を編物の組織といい，「たて編」と「よこ編」に分けられ，それぞれ表Ⅲ－6のように分類される。

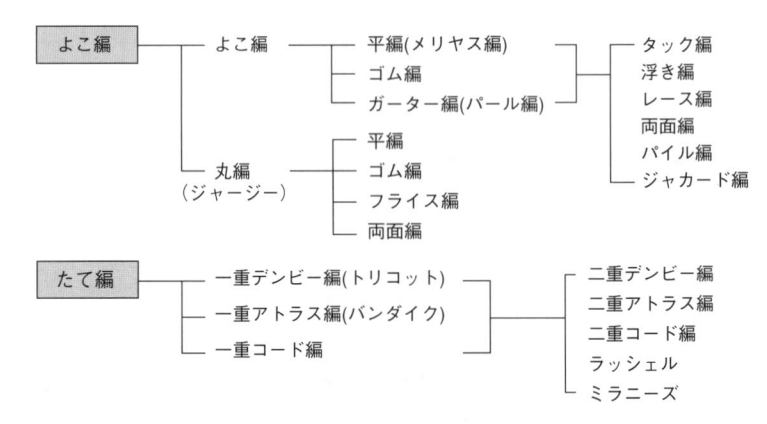

表Ⅲ-6　編物組織の分類

```
よこ編 ─┬─ よこ編 ─┬─ 平編(メリヤス編) ─┬─ タック編
        │          ├─ ゴム編              ├─ 浮き編
        │          └─ ガーター編(パール編)  ├─ レース編
        │                                   ├─ 両面編
        │                                   ├─ パイル編
        │                                   └─ ジャカード編
        └─ 丸編 ──┬─ 平編
          (ジャージー) ├─ ゴム編
                   ├─ フライス編
                   └─ 両面編

たて編 ─┬─ 一重デンビー編(トリコット) ─┬─ 二重デンビー編
        ├─ 一重アトラス編(バンダイク)   ├─ 二重アトラス編
        └─ 一重コード編                 ├─ 二重コード編
                                        ├─ ラッシェル
                                        └─ ミラニーズ
```

① **よこ編**　　ループをよこ方向につくりながら編むもので，よこ方向に糸がつながっている。

　a．平編(メリヤス編)：最も簡単な編物組織で，異なる表面と裏面をもつ。伸縮はよいが，特によこ方向に伸縮が大である。体にフィットし活動しやすい

ため，セーター，靴下など用途は広い。欠点としては，1か所の糸が切れるとほどける(ラン)欠点がある。

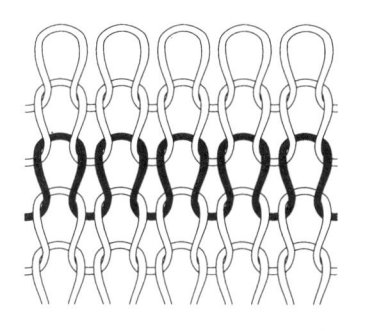

図Ⅲ－8－a　平編（表面）　　　図Ⅲ－8－b　平編（裏面）

　b．ゴム編：たて方向に表編と裏編が交互に並んでいる組織である。平編に対してよこ方向の伸縮性がきわめて大であるため，特に伸縮を必要とされる部分に用いられる。

　c．ガーター編(パール編)：よこ方向に表編と裏編が交互に並んでいる組織で，たて方向の伸縮性がきわめて大である。平編より厚地になる。

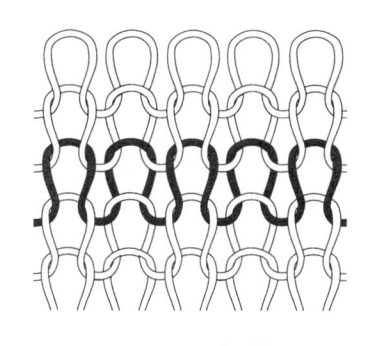

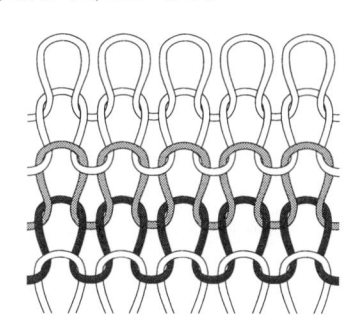

図Ⅲ－9　ゴム編　　　　　　　図Ⅲ－10　ガーター編

　②　たて編　多数の経糸を配列し，たて方向にループをつくりながら編んでいく。たて編の基本組織は一重デンビー編(トリコット)，一重アトラス編，一重コード編で，変化組織としてそれぞれ二重のものと，ラッシェル編，ミラニーズ編がある。一重デンビー編は図Ⅲ－11のように1コースごとに隣の針目・元の針目と移って編まれるもので，一重アトラス編は隣の針目・その隣の針目・

またその隣の針目というように縦の数列にわたって移動して編まれるものである。一重コード編は次の針目を飛ばしてその次の針目へと移動して編まれるもので，比較的厚地になる。トリコット地は，下着など薄くて細かい編目のものに用いられる。ラッシェル地は，比較的厚地で複雑な変化に富んだ編地で，外衣やカーテン地に多く用いられる。ミラニーズ地は編機の構造から，菱形の柄模様のものが多い。

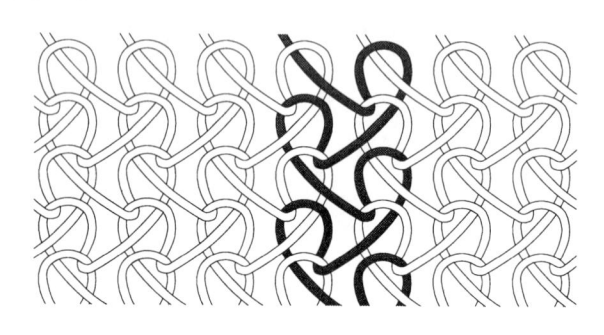

図Ⅲ－11　たて編

3) その他の被服材料

① **レース**　手工レース (hand lace)・機械レース (machine lace)・化学レース (chemical lace) に分類される。手工レースはドロンワークやカットワークなどの布レースと，糸を絡み合わせてつくるボビンレースやニードルレースなどがある。機械レースには，刺繍レース・プレーンネット・リバレース・ラッセルレース・カーテンレース・トーションレースなどがある。化学レースは特殊な薬剤や水に溶ける繊維の布を土台に機械で刺繍し，その後特殊な薬剤や水で洗うことによって土台部分を溶かしレース部分を残したものである。

② **フェルト**　羊毛などの縮絨性を利用して得られる布。羊毛などの獣毛繊維を適当な厚みの平面にし高温のせっけん液の中で圧力をかけながら縮絨させる。

③ **不織布**　不織布とは文字通り「織らない布」。繊維を無方向にシート状にして，接着剤により結合させてつくる。緻密なものから空隙の多いもの，柔らかいものから硬いもの，厚いものから薄いものまで自在につくることができる。織布に比べ格段に生産性が高く，生産速度も数十倍から数百倍である。通

気性(ポーラス)が基本的機能でさらに吸水性，撥水性，耐洗濯性，抗菌，防臭，電気特性など用途に応じて機能をもたせることができる。衣料用資材(衣料用芯地，ブラジャーカップ用芯，肩パット，イベントジャンパーなど)や防護用衣料(実験着，防塵マスクなど)や人工皮革(人工皮革基布，塩ビレザー基布他)用の基布やおむつの材料などとして，多目的に使用される。

④ **人造皮革**　　人造皮革の種類は表Ⅲ-1　被服素材の種類を参照（p.45）。

2. 被服素材の染色・加工

(1) 被服の染色

染色とは，染料や顔料などで，繊維やその他の材料に着色することをいう。被服はその使用目的や用途に応じて様々な染色がほどこされるが，色が美しいなどの審美性とともに，染着性がよく，染色が容易であること，また日光，洗たく，汗などに対して堅牢であり，変退色しないなどの諸性能が必要である。

1) 染料の種類

染料は，天然染料と合成染料に分類される。天然染料の主なものは植物，動物，鉱物染料などである。

① **天然染料**

　a．植物染料:植物の根，花，実，樹皮などから得られる染料で，草木染めはこれに属している。一般に媒染剤を使って発色・固着させる。同一染料でも媒染剤の種類によって発色は異なり，このような染料を多色性植物染料という。

　b．動物染料:古代紫やコチニールなど特殊な動物から得られる染料で，その種類はきわめて少ない。古代紫は，地中海沿岸に産する巻き貝ムレックス(Murex)の分泌する淡黄色の液汁で染めたもので，空気酸化によって美しい紫色を発色する。コチニールとは，中南米，インド，オーストラリアなどに生育するサボテン科の植物に寄生するエンジムシのことで，赤色に染まる。

　c．鉱物染料:特殊な土砂・岩石などを粉砕して微粒子状にしたものを，種々の固着剤を混ぜ合わせて鉱物染料とする。ミネラルカーキなどがある。

② **合成染料**　　合成染料の始まりは，1856年イギリスの化学者パーキン(W.H.Perkin)が，偶然赤紫色の塩基性染料モーブを発見したことで，その後

ドイツやフランスなどで研究された。1884年にコンゴーレッド(直接染料)が，1901年にインダンスレン(バット染料)が，1912年にナフトール(アゾイック染料)などが次々と研究された。現在ではその数は約4,000種以上，なお開発が進められている。染料には正式な化学名の代わりに各メーカーで独特の名称をつけており，市販染料の商品名は一般に，冠称，色名，記号から成り立っている。

（2）染法の種類・染料と適用繊維

染法には直接染法・媒染染法・還元染法・発色染法・分散染法・反応染法・その他などがある。それぞれの染法の種類・染料と適用繊維を表Ⅲ－7に示す。

表Ⅲ－7 染法・染料と適用繊維

染法・染料		木綿・麻	羊毛・絹	レーヨン	アセテート	ビニロン	ナイロン	アクリル	アクリル系	ポリエステル	ポリ塩化ビニル	ポリ塩化ビニリデン	ポリプロピレン	改質ポリプロピレン	天然皮革	合成皮革	毛布
直接	直接染料	○	●	○	／	○	／	●	／	／	／	／	／	△	○	／	●
	酸性染料	／	○	／	○	●	○	●	○	／	／	／	／	／	○	○	○
	塩基性染料	△	●	●	●	●	○	●	●	／	△	／	△	／	●	●	●
媒染	媒染染料	○	●	●	●	●	●	●	●	／	／	／	／	／	●	●	●
	酸性媒染染料	／	○	／	○	○	○	○	○	／	／	／	／	／	○	○	○
還元	建染染料	○	●	○	△	●	●	○	○	○	／	／	／	／	●	○	●
	硫化染料	○	△	○	／	●	●	●	●	／	／	／	／	／	●	●	△
発色	ナフトール染料	○	△	○	／	○	○	○	○	○	／	／	／	／	△	○	△
	酸化染料	●	●	●	／	●	●	●	●	●	／	／	／	／	●	●	●
分散	分散染料	／	／	／	○	○	○	●	●	○	●	●	●	●	／	○	／
反応	反応染料	○	●	○	△	●	●	●	●	／	／	／	／	／	●	○	●
その他	油溶染料	／	／	／	●	●	●	●	●	●	●	●	●	●	／	○	／
	蛍光染料	●	●	●	●	●	●	●	●	●	●	●	●	●	／	○	●
	天然染料	○	●	○	／	○	○	○	○	／	／	／	／	／	○	○	●

○最適　●可能　△一部可能　／不可能

表Ⅲ-8　被服地の特殊加工

	加工の種類	目的・用途・方法など
外観形態上の改良	防しわ加工	綿，麻，レーヨンなどに行う防しわ・防縮性を付与する樹脂加工，現在は低ホルマリン加工や非ホルマリン加工が行われている。
	防縮加工	サンフォライズ加工(綿に行う物理的加工法)・羊毛の防縮加工(フェルト化を防ぐため酸化剤で処理したり樹脂の被膜でカバーする方法)など
	マーセライズ加工	シルケット加工など，絹のような光沢を得るため，綿織物を20から26%の水酸化ナトリウム溶液に浸し，緊張させて水洗乾燥する加工。
	硬化加工	綿布などに樹脂を付与したり，パーチメント化して麻のような硬い感触を与えたもの。
	柔軟加工	機械で物理的に行う方法と，界面活性剤，合成樹脂エマルション，撥水性柔軟剤，シリコン樹脂，高級アルコール乳化油などで加工する方法がある。
	フロック加工	布地に合成樹脂などの接着剤をプリントし，繊維の微小粉状のものを吹きつけ密着させたもので，ビロード状の外観が得られる。
	コーティング加工	ポリ塩化ビニル，ポリアミド，ポリアミノ酸などを布地に塗布し，皮革のような風合いと光沢が得られる。
	金属蒸着加工	アルミニウムなどの金属を真空中で加熱蒸発させ布の表面に密着させたもの。加工面は熱線などの反射効果がある。
	起毛加工	布地の表面を物理的方法で毛羽だて，保温性を高め風合いをもたせるもの。片面起毛と両面起毛がある。
	プリーツ加工	折り目つけ加工。合成繊維は熱可塑性を利用して加工し，羊毛は化学薬品を用いてシロセット加工する。
	ストーンウォッシュ	洗剤と一緒に砕石を混ぜて洗濯しわざとムラをだしたもの。最近は石を使わず薬品を添加して洗い同じような効果を出している。
取り扱い性能の改良	ウオッシュ・アンド・ウエア加工	洗濯後すぐ着用できるようにした樹脂加工。セルロース系繊維は吸湿すると形くずれができやすいので樹脂加工して寸法安定性や防しわ性を与える。
	パーマネント・プレス加工	セルロース系織物に特殊樹脂加工をほどこし形状安定のために加熱処理をする仕上げ加工。ポストキュア法・プレキュア法がある。
	防水加工	布面を合成ゴムやビニル系樹脂などでコーティングして，水を通さないようにする加工で，不通気性である。
	撥水加工	織物の表面を処理して水をはじくようにする加工．通気性がある。シリコン撥水加工・ゼラン撥水加工・ベラン撥水加工・スコッチガード加工など。
	防汚加工	合成繊維に吸水性を与え汚れをつきにくくする加工。帯電防止加工・撥水加工・はつ油加工・SR (soil release) 加工など。
	はつ油加工	はつ油性をもたせるためフッ素化合物で処理する加工。空気中では有効であるが水中では再汚染性が大きい。スコッチガード加工やジーベル加工など。
	帯電防止加工	合成繊維は一般に疎水性なので，摩擦により帯電しやすく脱着時に放電し火花を発する。染色の最終段階で帯電防止剤をつけて熱固定する方法である。
	防炎加工 難燃加工	消防法に特定の繊維製品の防炎性，難燃性が義務付けられている。アンモニウム塩，アルカリ金属塩などの無機系処理剤，含リン化合物，有機塩素系化合物などの有機系処理剤がある。恒久的にはピロバテックスCP，プロバン加工など。合成繊維は紡糸時にリン，ハロゲン化合物を練り混む方法もある。
	防融加工	合成繊維に耐溶融性の被膜を形成する(熱不熔性樹脂)加工で，難溶融加工と耐摩擦溶融加工がある。
	衛生加工	吸湿吸汗加工	合成繊維に親水性物質をブレンドあるいは加工し，繊維構造を多孔化して吸湿吸汗性を得る加工である。帯電防止性，SR性にもすぐれている。
		防虫加工	主に羊毛繊維などに殺虫剤または防虫剤を付着・吸着させて防虫効果を得るもの。オイラン防虫加工・ミッチン防虫加工・PMC防虫加工がある。
		抗菌防臭加工	汗や汚れによる着臭を防ぎ，微生物の繁殖を抑制する加工。4級アンモニウム塩を有機シリコンで繊維と科学的に結合させるバイオシル加工など。
		UVカット加工	紫外線吸収剤をコーティングしたものと，特殊な微粒子(紫外線吸収・反射効果のあるセラミックなど)を合成繊維に練り込んだものがある。

（3）被服地の仕上げ加工と特殊加工

製織・製編された被服地には消費者がより便利に使用する目的から付加価値がほどこされる。これが 仕上げ加工・特殊加工である。

１）仕上げ加工

不純物の除去，染色，光沢の調節，手ざわりや柔軟性の付加，風合いを得るための起毛，毛焼きなど，外観形態を改良するための仕上げ加工がなされる。また，安定性を得るために幅だし，ヒートセットなどが行われる。

２）特殊加工

物理的あるいは化学的処理により特殊な改質加工を施し，外観や取り扱い性能を改良するための加工方法である。被服地の特殊加工について表Ⅲ－8に示す。

■参考文献

・石井照子他：改訂被服学概説，建帛社，1993
・大谷陽子他：家政学概論，建帛社，1990
・東洋紡績マーケティング部：せんいガイド，1991
・石井照子他：生活造形，建帛社，1995
・本宮達也監修：繊維の知識（生活情報シリーズ4），国際出版研究所，1996

　http://www.world.co.jp/service/know/know.htm
　http://www.fcc.co.jp/JCFA/tp-index.html
　http://www.mahoroba.or.jp/~naraknit/workshop_1.html
　http://www.aj3.yamanashi.ac.jp/ehs/seta/senshoku/d22.html
　http://ns1.silk-center.or.jp/GuideBook/p22.html

第Ⅳ章 被服環境と安全性

1. 被服環境

(1) 被服環境

　被服は人間に着装され人間が行動することによって，その被服がもつ機能が発現する。その機能の最初の一つは被服環境を形成することである。すなわち人体の表面を覆った被服が，人体表面との間に外界とは異なる温熱環境をつくり，自然環境の極端な気温の変化や外的な種々の障害から人体を保護している。図Ⅳ-1は外部の温熱環境条件と被服環境を示す。

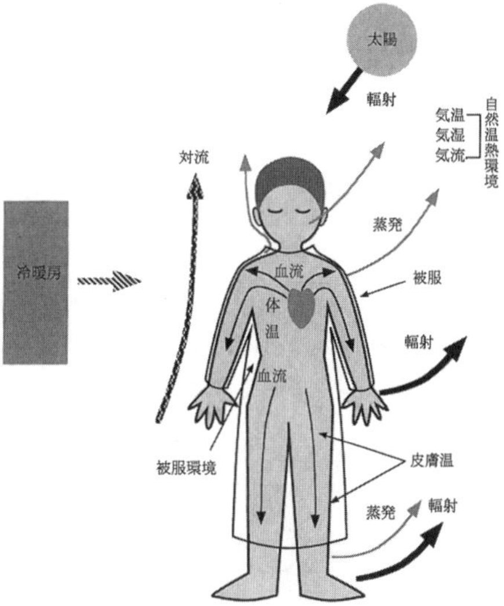

(2) 体温調節
1) 体　温

図Ⅳ-1　外部温熱環境と被服環境

　健康な人体は，環境温度が変化してもほぼ一定に保持されていなければならない。これを体温の恒常性（homeostasis）という。体温は日常では腋窩で測定した値で表し，健康な成人は 36 ～ 37℃ に分布している。このほか体温の測定には，口腔，耳腔，直腸の各温度を検出し，人体深部温（核心温）を代表するものとして被服衛生学の分野で利用されている。人体深部温は腋窩の温度より 0.5 ～ 1.0℃ 高い。

　体温は，人体の表面，内部，部位によっても差異がある。特に極端に寒冷な

温度にさらされると，体表面の温度や体表に近い人体内部の温度（外殻温）は低下し，人体深部の温度を恒常に保つように生理的な調節が行われる。これを体温調節という。

生理的な体温調節機構は簡単なものではなく，体内の多くの体温制御器官で行われている。詳細は，人体生理学を参照するとよい。

被服との関連において簡単な体温調節を知る図として，図Ⅳ－2があげられる。体温は基本的には，体に発生した熱が温度として表され，この熱を産出するのは，人が摂取した各種の食物が栄養素となって体内で消化され，エネルギーすなわち熱となって貯えられたものである。そして，人間が生活するうえで行動や運動などの動きによって発生する熱もこれらに加えられる。これを産熱という。

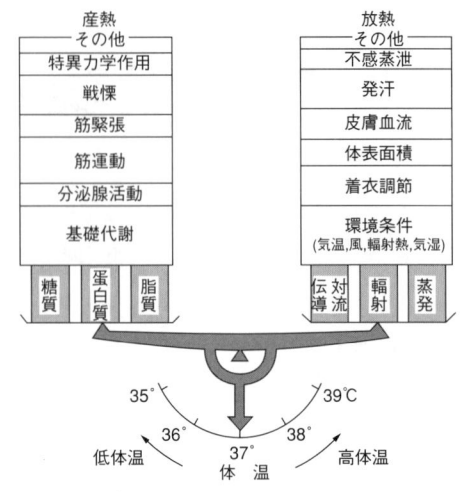

図Ⅳ－2　産熱・放熱のバランスによる体温調節
（日本生気象学会編：生気象学，紀伊國屋書店，1968，p.103）

人体周囲の温熱環境は，季節，地域，人工的制御環境などによって変化し，これらによる影響を人体は常に受けている。環境温度の変化を直接受けるのは皮膚であり，皮膚面に存在する無数の温点，冷点が温度受容器として働いている。このような皮膚で受容された感覚的情報は，神経を介して体温調節を統合する脳の中枢の視床下部に伝達され，産熱または放熱の調節反応となって表れる。図中の左側が産熱，右側が放熱現象を示している。産熱側は食物によって取得された糖質，たんぱく質，脂質（三大栄養素）から発生した熱，分泌腺（発熱に関与するアドレナリンなどのホルモン），生活動作，運動，戦慄（寒さに対するふるえ），特異力学作用（食物摂取時に一時的に発生）などによる発熱の総合である。これに対して放熱側は，環境に接する皮膚面を介して伝導，対流，輻射，蒸発の状態で熱が放出される。その放熱量は，外部温熱環境である気温，気湿，気

流(風),輻射の各条件により影響を受けて左右される。

寒冷な環境下では,末梢血流減少,分泌腺,戦慄などの活動,皮膚面のとりはだの発生がある。温暖な環境下では末梢への血流を増加して皮膚表面温度を上げて直接皮膚からの放熱を増大する。また,不感蒸泄,汗の分泌が増加し,体表面を濡らす。この水分が蒸発するとき体表面から熱を失って,放熱を助長する。着衣は,体表からの放熱を妨げないように露出部分を拡大したり,対流の生じやすいゆとりのあるものによって調節することが大切である。このようにして産熱と放熱のバランスをとりながら恒常な体温を維持している。しかし,体温調節にも限界があり,その範囲を示すと図Ⅳ-3のようになる。生理的調節や着衣などによる調節が不可能になる限界を知ることができる。

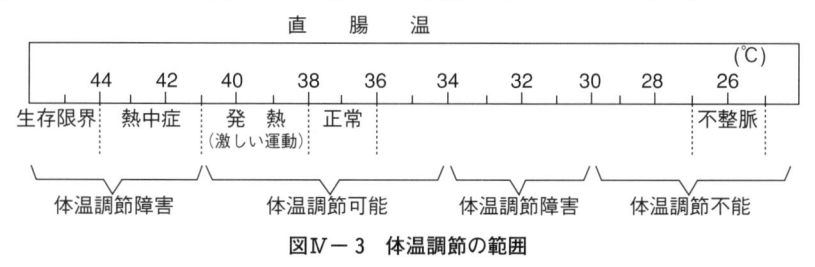

```
                    直 腸 温
                                              (℃)
  44   42   40   38   36   34   32   30   28   26
 生存限界 熱中症 発 熱 正常                不整脈
         (激しい運動)
  体温調節障害   体温調節可能  体温調節障害  体温調節不能
```

図Ⅳ-3 体温調節の範囲

2)皮膚温

皮膚温は体表面の温度のことで,被服衛生学の分野では,着用した被服の保温効果の指標として用いられている。血流によって末梢に運ばれた熱は,体表に近い毛細血管をあたるため,体表の温度となる。上述したように寒冷環境では表面血管は収縮して血流が減少するので,皮膚温は低下し,暑熱環境では血流が増大し皮膚温は上昇する。皮膚温は,人体の部位,皮下脂肪の厚さ,性別,年齢(高齢者,幼児)によっても異なる。図Ⅳ-4は,環境気温と人体各部位の皮膚温との関係を表したものである。気温28℃では,各部位の温度差は少ないが,気温低下に伴って人体末梢部の手,足の皮膚温は急速に低下する。一方,体幹部である腹,胸,背の皮膚温の低下は少ない。このことは気温の低下が,人体末梢部への血流減少に影響を与えて,人体の主要器官を蔵する体幹部の温度を恒常に保持するために,手足の温度低下によって支えられていることを意味している。

皮膚温の測定には体表を頭，体幹，上肢，下肢の4部位に大きく分けて，各部位の代表する測定点1～2点を決め，皮膚温測定用温度センサー（熱電対，サーミスタ温度計）を用いて表面の温度を検出する。なお，着装条件や，運動などの影響を詳細に知るには各部位をさらに細部に分けた測定（22点，12点，10点法）が行われ皮膚温からの多くの情報を得ている。また，近年では，皮膚面の温度分布をサーモビュアで撮影する方法もあり，この方法では一目して，人体表面の温度の分布を知ることができる。

3）汗，皮脂

汗は，汗腺によって分泌される。体温の上昇によって汗腺の分泌活動が活発になり，全皮膚面から排出される。一般に日常露出されている手，足，前額に多く，体幹部は少ない。汗腺からの分泌能力の発達は，生後，約2年くらいで完成することが認められている。すなわち，寒帯で乳幼児の期間を過ごした人と熱帯で過ごした人とでは，後者のほうが汗を分泌させる汗腺数が多く発達し暑さに適応できるようになっており，発汗の開始も早い。

発汗の種類には，温熱性発汗（暑熱環境下で分泌），精神性発汗（精神的刺激による分泌。冷汗），味覚性発汗（酸味，辛味などの食品刺激による分泌）などがある。体温の放熱に関与するのは温熱性発汗である。汗腺から分泌した汗は体表面を濡らし，この水分が蒸発するときに熱を奪うので体表面の温度が下がり体温調節の大きい役割を果たしている。発汗量は，気温29℃で1日に1.9～2.6ℓ，夏の35℃高温下の労働では1時間当たり450mℓ前後分泌する。発汗時には体表の露出面を広くするとか，風を当てることは汗の蒸発を促進させるのに有効である。気温の上昇による体温調節には汗による蒸発が大きな役割を果たしてい

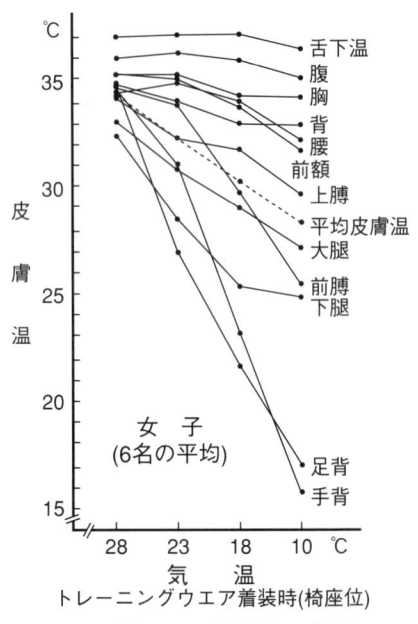

図Ⅳ-4 環境気温と人体各部位の皮膚温
（大野：昭58年度文部省科学研究費報告書）

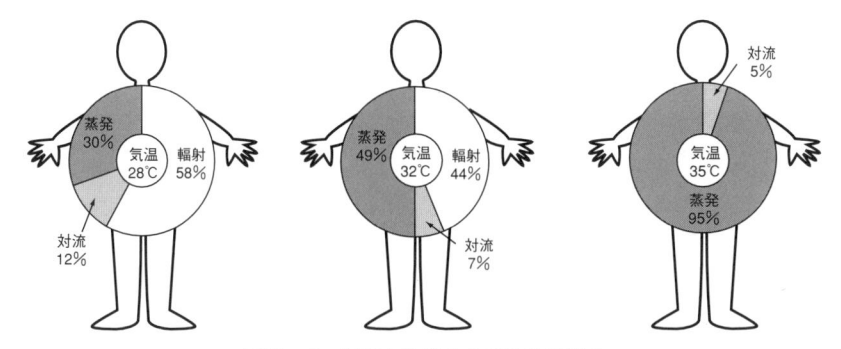

図Ⅳ-5　気温と体表からの放熱の割合

る。図Ⅳ-5は気温28，32，35℃の各条件下で体表から放熱される輻射，対流，蒸発それぞれの占める割合を表したものである。35℃高温下では，蒸発による放熱の割合が95％となり，放熱の大部分を占めていることがわかる。28℃では輻射による放熱が多くなる。

　皮脂は，皮膚の毛根のそばに存在する皮脂腺から分泌しており，皮膚の保護や皮膚面の柔軟性を保持するものとして大切である。皮脂の分泌量は，青年期に多く，高齢になるほど減少する。皮脂腺や汗腺は，皮膚の角質の剥離や分泌した脂肪や汗，外界の埃などと一緒になって皮膚面が不潔になると腺がふさがれて分泌能力が低下したり，にきびやその他の皮膚炎の細菌繁殖の原因となるので常に清潔に保持するように心がける必要がある。

(3) 衣服気候

　着装によって生じた被服環境を衣服気候と呼んでいる。人間が裸体で暑くもなく寒くもない快適な状態でいられる範囲はきわめて少なく環境気温28～31℃である。人間は，日常生活において寒暑にかかわらず着衣するが，このときに生ずる衣服気候は，重ね着の枚数によって各層間に異なる温度と湿度が形成され，また，層内の温度差や，動作によって気流が生じる。快適な衣服内気候は，最内層の胸部または背部の温度が32±1℃，湿度が50±10％，気流が25cm/secの状態に保持されているときである。このような条件下では，体幹部の皮膚温は，ほぼ33～34℃に保たれている。したがって，環境気温の変化に適応した着衣によって，このような快適な衣服気候を保つようにする。図Ⅳ

－6は，春秋の着衣における体幹部衣服気候を示したものである。衣服気候の温湿度は内層にいくにしたがって温度は上昇し，湿度は低下する。しかし発汗時は内層の湿度は80〜90％に上昇する。原田らは，着用中の快適感を得るための衣服内の温度と湿度を測定し，両者の関係を図Ⅳ－7のように提示している。

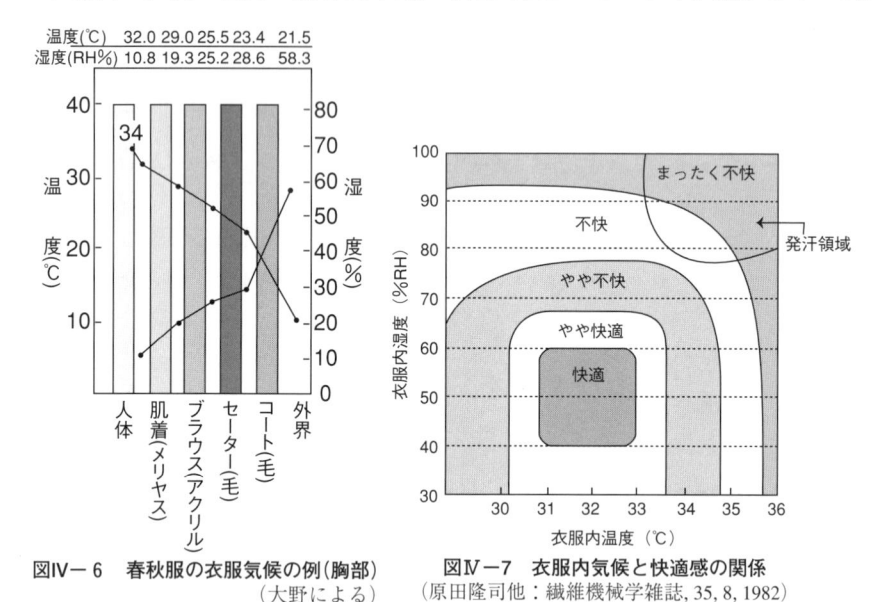

図Ⅳ－6　春秋服の衣服気候の例（胸部）
（大野による）

図Ⅳ－7　衣服内気候と快適感の関係
（原田隆司他：繊維機械学雑誌, 35, 8, 1982）

日常の寒冷環境下では，衣服の重ね着などによって調節が可能であるが，高温暑熱環境下では衣服による調節ができにくくなる。開口部の開閉などによる放熱で補助することも大切である。図Ⅳ－8は，男子のネクタイ有無時の放熱効果を皮膚温の変動によって表したものである。気温30℃下ではネクタイを用いない場合が皮膚温が低く，衣服内から上昇による放熱の効果が，また気温22℃ではネクタイ着用による保温効果がみられる。

（4）被服の保温効果

被服1枚の保温効果は，衣服気候と同様に，その衣服を構成する布地の繊維の種類，糸の状態，織物か編物，布地の厚さやその粗密などにより，また，被服の形態となるデザイン（ゆとり量，衿元，裾，袖の開口の差異，袖や裾の長さな

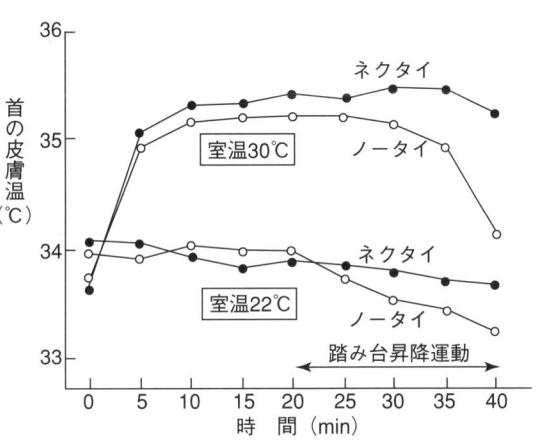

ど）により左右されたり，着方によっても保温効果は変化する。さらに，人間は日常生活において，常に動作を繰り返しているため，動きによって生ずる気流の影響を受けて保温効果が変化する。したがって，同じ着装状態でも静的なときと動的なときとは効果は一様ではない。近年，1枚の着衣や重ね着の保温効果を温熱マネキンなどを用いて測定し，保温力（熱抵抗値またはクロー値）として表す方法がとられている。

図Ⅳ-8　ネクタイの有無と皮膚温の変動
（菊地安行他：現代生活の生理人類学,垣内出版,1987）

図Ⅳ-9は冬の着衣における体表各部位の熱抵抗値を示しており，各部位の間隔の大小によって熱抵抗が異なることがわかる。コートはほかの被服よりゆとりがあり，厚地のために保温効果が大きい。表Ⅳ-1に花田らの各被服類のクロー値の測定結果の一例をあげる。被服の重量は保温効果と関係があり，一般に重量が大きくなるほど，保温効果も増大する。しかし，ダウン（羽毛）のようなコートは軽くても保温効果は大きい。これはダウンのすぐれた含気量とそ

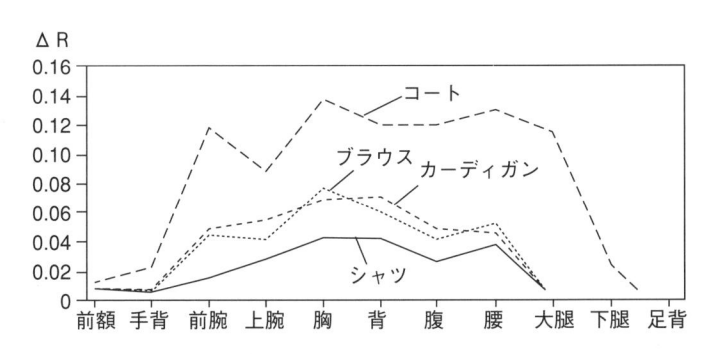

図Ⅳ-9　冬用各種被服の部位別熱抵抗値（大野らによる）

の絶縁効果によるためである。

着衣重量と保温効果の関係は，サーマルマネキンの活用によって物理的評価値として報告されているものが多い。花田らの報告した例によると各被服重量とクロー値の間には，$y=0.00103w - 0.035$ の式が成り立ち，両者間の相関が高いことを示した（y=クロー値，w=被服重量）。表Ⅳ－1は，成人女子用各種被服の重量とそれらのクロー値の測定結果を示したものである。また，1986年に行った全国男女学生の四季別の着衣重量調査においては，気温と着衣重量にも高い相関が得られた。しかし，気温が低くなるに従って個人差が拡がり，寒い季節には素材，被服形態，着装形態が多種多様に変化していることが認められた。さらにこの調査の中で，女子学生が各季節毎で感じた快適な着装状態（戸外）を取り出してみると，図Ⅳ－10のようになった。着衣重量は夏においてはおおよそ 600～1,000g（0.6～0.9クロー），春・秋は，1,400～1,800g（1.4～1.8クロー），冬は 2,500～3,500g（2.5～3.6クロー）となり，これらの値は各季節

表Ⅳ－1　各種被服のクロー値（成人女子用）

種	類	クロー値	重量 (g)
下着類	ショーツ類	0.01～0.03	15～24
	ブラジャー類	0.02～0.04	43～110
	スリップ類	0.15～0.17	95～117
	シャツ類	0.10～0.17	50～114
	ストッキング	0.03～0.11	16～114
ブラウス類	半袖	0.15～0.20	73～127
	長袖	0.18～0.34	77～182
セーター類	半袖	0.09～0.20	145～165
	長袖	0.12～0.39	163～231
ズボン	ジーパン	0.16	683
	長ズボン	0.23	450
ワンピース	半袖	0.25	184
スーツ上着	長袖	0.37～0.42	492
スカート類	夏用（ミニ丈）	0.14	202
	〃（ギャザー）	0.21	157
	冬用（ひざ丈）	0.23	325
	〃（ロング丈）	0.35	401
コート類	レインコート	0.35	160
	ダスターコート	0.45	633
	冬用オーバーコート	0.63	1290
	ダウンウエア	0.98	680

（花田他：消費科学誌，22，1981，から作表）

1. 被服環境 77

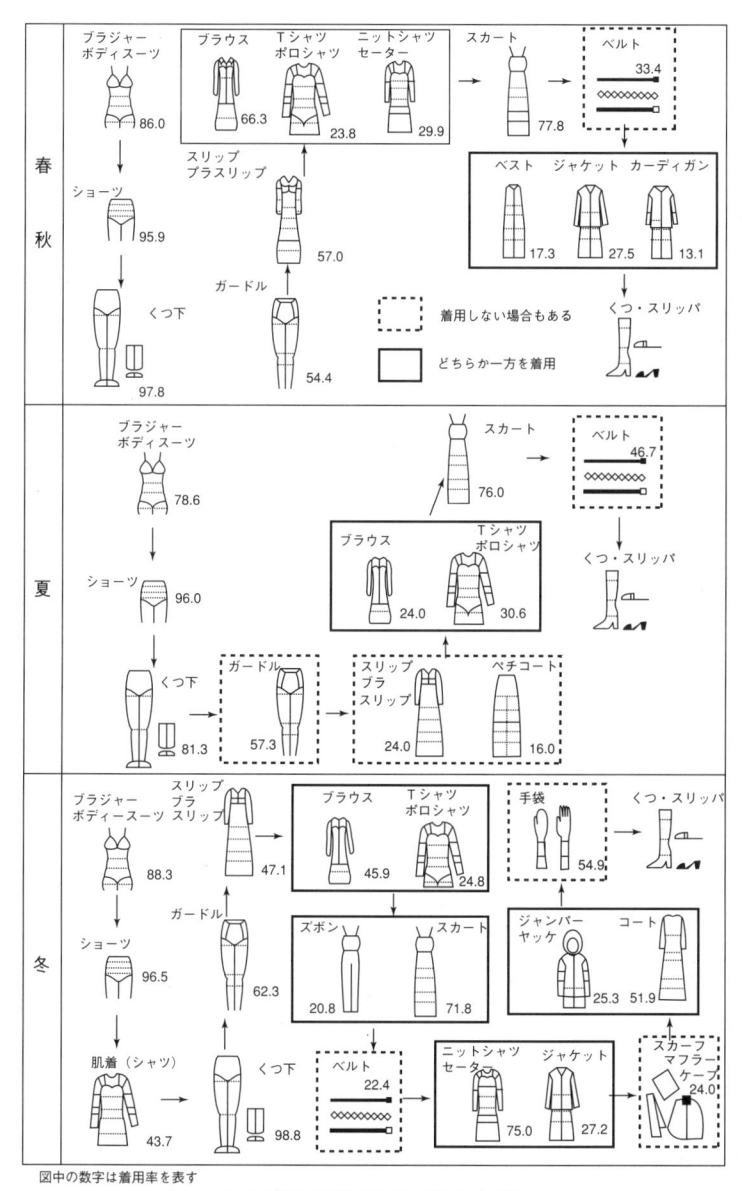

図Ⅳ-10　季節と着衣の傾向（成人女子）
（大野他5名:着衣の実態調査「衣生活」, 29, 6, 1986）

図中の数字は着用率を表す

春秋
- ブラジャー・ボディスーツ 86.0
- ショーツ 95.9
- くつ下 97.8
- ブラウス 66.3
- Tシャツ・ポロシャツ 23.8
- ニットシャツ・セーター 29.9
- スリップ・ブラスリップ 57.0
- ガードル 54.4
- スカート 77.8
- ベルト 33.4
- ベスト 17.3
- ジャケット 27.5
- カーディガン 13.1
- くつ・スリッパ

着用しない場合もある
どちらか一方を着用

夏
- ブラジャー・ボディスーツ 78.6
- ショーツ 96.0
- くつ下 81.3
- ブラウス 24.0
- Tシャツ・ポロシャツ 30.6
- スカート 76.0
- ベルト 46.7
- ガードル 57.3
- スリップ・ブラスリップ 24.0
- ペチコート 16.0
- くつ・スリッパ

冬
- ブラジャー・ボディスーツ 88.3
- ショーツ 96.5
- 肌着（シャツ）43.7
- スリップ・ブラスリップ 47.1
- ガードル 62.3
- くつ下 98.8
- ブラウス 45.9
- Tシャツ・ポロシャツ 24.8
- ズボン 20.8
- スカート 71.5
- ベルト 22.4
- ニットシャツ・セーター 75.0
- ジャケット 27.2
- 手袋 54.9
- ジャンパー・ヤッケ 25.3
- コート 51.9
- スカーフ・マフラー・ケープ 24.0
- くつ・スリッパ

における成人女子の標準的着衣の指標と考えられる。

日常の生活における，着衣重量と四季との関係を男女別に表したのが図IV-10である。総重量（上衣＋下衣＋付属被服）は女子に比して男子が多く，冬季には，男子は3kg以上を身体に着けていることがわかる。季節的には，男女ともに夏＜秋＜春＜冬の順になる。また季節における寒暖の調節は，下衣より上衣によって行っていることもわかる。

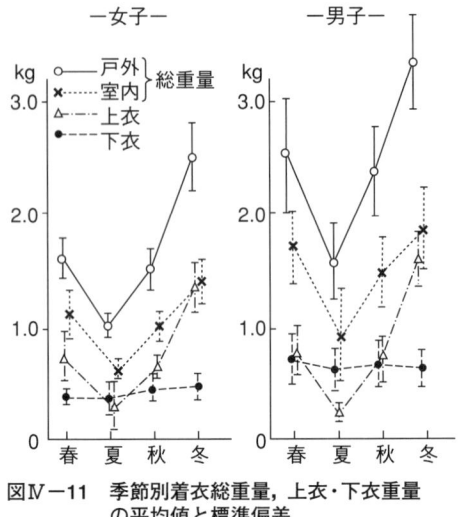

着衣重量も最近の自然環境の温暖化や機能化素材の開発，冷暖房の完備などによって変化することが考えられ，これらの調査も今後周期的に行われることが望ましい。

図IV－11　季節別着衣総重量，上衣・下衣重量の平均値と標準偏差

（5）被服による障害と安全性

1）被服重量

着装した被服類が人体に接して有害であったり，生活活動上負担になったりしてはならない。被服は軽量であるほど着用したとき人体への負担は小さい。特に高齢者，子供，病弱者などの衣服には軽いものが要求される。着用中の被服の重量は上衣は肩に下衣は腰にかかる。成人女子の例では，冬服＋オーバーコート着用時には，腰にかかる荷重1に対して肩には2～3の割合でかかり，夏服の場合は，腰2に対して肩への荷重は1の割合になる。冬季は肩への負担が大きいため，動作もしにくくなる。

また，着衣による人体への被覆面積が大きくなると被服重量は増大する。人体を覆う衣服の面積が少ないほど，すなわち裸体に近づくほど人間は動作がしやすくなる。この傾向は，近年のスポーツウエアに如実に表れており，人間の運動に抵抗を与えるものの排除と生理的エネルギー疲労を軽減し，記録上昇を追及した方向に向けられていることを表している。

2）着衣の拘束と衣服圧

着衣の拘束は，被服のゆとり量の多少や被服を構成する布地の伸縮性の大小，衿や袖口の開口部形態，袖ぐりの大きさなどによって左右される。拘束が大きくなるときゅうくつさを感じ動作もしにくくなる。

拘束の大きさを表すには衣服圧（gf/cm^2 または Pa（N/m^2））を測定している。体表面に密着し，拘束性の大きい布地は，人体の凸部や骨の上では大きな圧力となって表れ，さらに，人間が動作すれば，特に屈曲率の大きい関節付近では皮膚も伸び，同時に布地もこれに追従して伸びて変形する。変形した布地はさらに大きな力を体表に与えて大きな拘束となってあらわれる。布地の変形は，その伸縮性の大小によって変化し，編物のように少ない力で変形するものは圧力も小さい。反対に，密に織られた伸びにくい織物は変形しにくく，大きな力となって体表を圧迫したり，ずれて接触位置が移動する。

拘束の人体への影響は，骨格でおおわれていない部分では，内臓の変位や変形に関与し，また体表面に近い毛細血管を圧迫して血流の低下にも関与して生理的な障害を与えることがある。したがって極度な拘束や長期間の拘束はさけるべきである。しかし，一方に適度な拘束は身体への緊張度を高めたり，筋肉の防振に効果をあげることがある。女性の下着として用いられるコルセットが人体補整用として着用され人体へ影響を与えた時代があった。図Ⅳ－12 は，その例を示したものである。ウエストを極端に細くするコルセットを長期間着続けたために，ウエストがくびれるほど，細くなっている。このために，肋骨の下端は正常な体型である左側のものより内側に曲がり，狭くなっている。この影響は，呼吸を浅息にして，肺疾患の原因となったといわれている。おそらく胃な

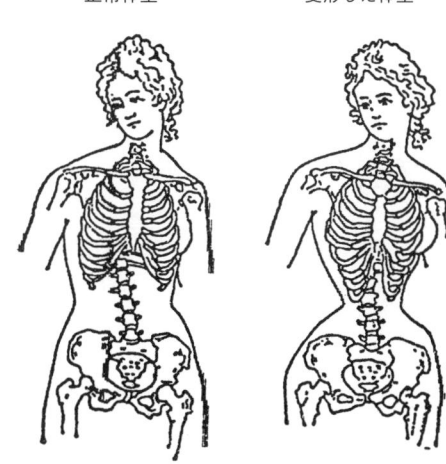

図Ⅳ－12　コルセットによる障害
（Stratz. 1970）

どの消化器にも悪影響を与えていたと考えられる。最近では，極端な圧迫は自律神経の機能を低下して，種々の疾病の原因となっているといわれている。

衣服圧の測定には，被服と体表との間に圧力センサーを挿入して測定している。圧力センサーには，電気抵抗型ひずみゲージを用いる方法，空気または水を用いたエアパック法などがある。

2. 付属被服類の環境と安全性

（1）帽　子

帽子は，防寒，防暑，危害防止，装飾などの目的で着用される。頭部は体温中枢の存在するところであり，厳寒時や暑熱環境における直射日光下などの厳しい環境条件のもとでの，帽子の果たす役割は大きい。

1）帽子内気候

① **冬の帽子**　図Ⅳ－13は，冬季10℃の環境において，種々の帽子を被験者に着帽させ帽子内外の温度測定を試み，その保温力をみたものである。保温効果は防寒帽が最も大きく，中折帽，スキー帽，学生帽の順である。特に防寒帽は頭部のほかに顔面なども保護し，各帽子ともに帽子内空気層温度は，外

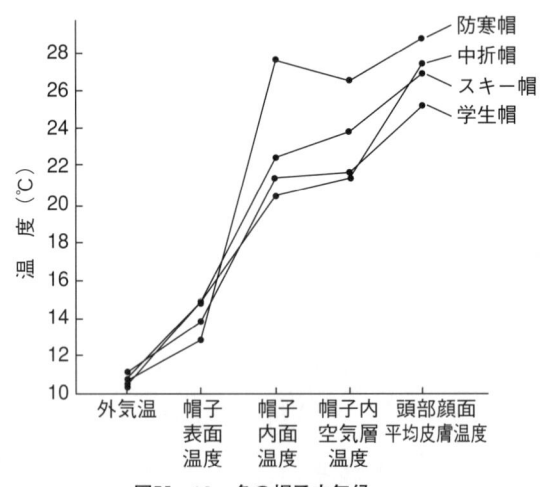

図Ⅳ－13　冬の帽子内気候
（尾崎修作:京府誌,第72巻6号, 1963, pp.385～395）

気温より10℃以上高くなり，冬季に着帽することの効果がみられる。

② **夏の帽子**　夏季の着帽は，日本では防寒用の着帽より，その意義は大きい。図Ⅳ－14は夏季32℃の環境で炎天下の太陽光と同一条件になるよう人工光源（ハロゲン）の距離を設定し，マネキンに各種帽子を着帽させ30分間照射による帽子内外の温度測定を示したものである。

帽子表面温度は，その材質や吸収熱量の違いにもよるが，一般に45℃以上の高温となる。帽子内温度は，帽子の色や素材構造の光学的特性（反射熱量，透過熱量，吸収熱量）が大きく影響する。色相による熱線吸収の比較をみたものが表Ⅳ－2であるが，帽子は毛髪に密着して使用されるため，色相による影響は大きい。夏の帽子の色相は，太陽光を反射し吸収熱量の小さい，明度の高い淡色系や白色が望ましいが，オーガンジー（白）のように透けた素材は透過熱量，吸収熱量が大きく好ましくない。オーガンジー（黒）や黒ネットの野球帽は，熱線を透過し吸収熱量が大となり，帽子内温度，毛髪内温度が著し

表Ⅳ－2　色相による熱線吸収の比較

色　　相	吸熱比
白　色　地	1.00
黄　色　地	1.65
青　色　地	1.77
灰　色　地	1.88
緑　色　地	1.94
橙　色　地	1.94
赤　色　地	2.07
紫　色　地	2.26
黒　色　地	2.50

（弓削治：被服衛生学，朝倉書店，1987，p.59）

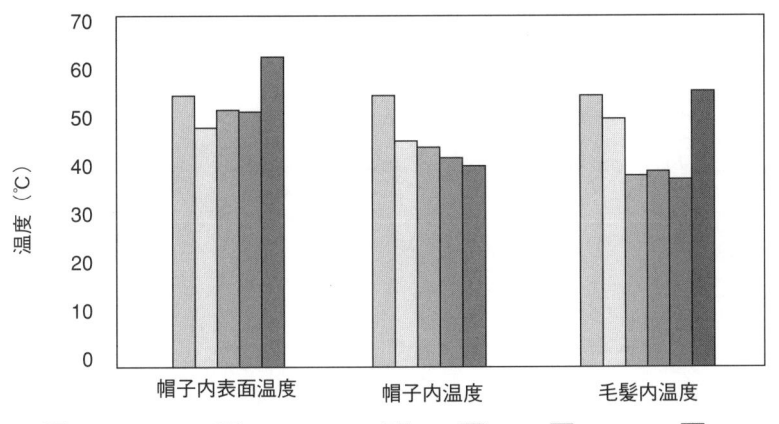

図Ⅳ－14　夏の帽子内気候
（中橋美智子：日本衣服学会第51回年次大会要旨集，1999，p.15）

く高くなり防暑効果の面からみると，最悪の条件となる。ヘルメットは表面温度は高温を示すが，内部の断熱材と空隙により帽子内温度は低温となり，熱線遮蔽の効果がある。麦わら帽は透過熱量が小さく，放射・伝導による熱が頭部に及ばず効果的であり，帽子内湿度からも適度の通気性を有し快適といえる。

　危害防止用の安全帽は，建築現場・工事現場などの物体落下や，オートバイによる転倒の危険を伴う場合，頭部保護具としての果たす役割は大きい。

（2）履き物

　靴は古代ローマ時代から履かれていたが，わが国では19世紀後半に初めて用いられ，今日では下駄や草履は縁遠くなり靴履きが習慣化されている。靴は人の足に合わせて履かれ，体重を無理なく平衡に保ち，外部からの刺激や汚れから足を保護することを目的としている。また，靴は歩くための道具であり，その衛生的機能は高い。しかし，機能性を無視しファッション性を重視するあまり，足やそれに伴う身体機能への障害や事故などの報告もみられる。また，窮屈な靴やハイヒールの常用により，足指の変形，外反母趾などの障害がみられる。特に最近若い女性の間に流行している厚底靴着用による骨折，捻挫，転倒などは，多くの問題をなげかけている。

　図Ⅳ－15は，長時間靴着用により生じた成人女子の足の障害の例を示したものである。

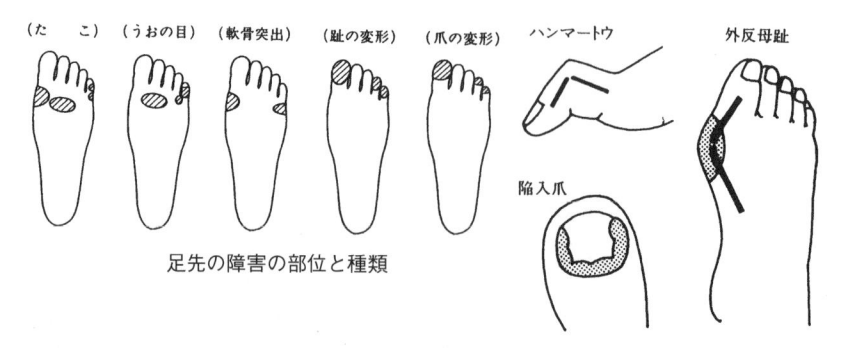

図Ⅳ－15　長時間着用により生じた障害
（大野他：被服衛生学　日本女子大学通信教育テキスト，p.137）

1）履き物と足型

 日常用いる履き物が足の形態へ影響を与える例として，職業の違いによる三浦の報告[1]がある。山林労働者は地下足袋使用によりたくましい自然の足型を，労研職員は甲高で足幅も狭くスマートな足型をしている。また児童を対象とし，靴常用者（東京都内）と鼻緒常用者（島部）による履き物の違いによる足型の比較をみたものが図Ⅳ-16である。鼻緒常用者は足底面積が大で甲が低く扁平で母趾角は屈角しておらず，日常の履き物が足の形態を左右することが明らかである。

2）靴のヒール高と重心動揺

 ヒールの高さは婦人靴で特に問題となる。ハイヒールは常に爪先立ちの状態であり，中足趾関節が著しく屈曲し足趾先の変形・負担ばかりでなく，身体の安定性にも影響する。最近，厚底・高ヒール靴着履きによる若い女性の事故増加の傾向がみられ「足をくじいた」「階段から落ちた」などの石井[2]の報告がみられる。

 図Ⅳ-17は両足立ちの重心動揺をキネシオプレートにより測定した結果である。被験者は青年層と高齢層（各30名）で，ヒールが高くなると年齢に関係なくヒール0cm（裸足）に対してヒール7cmでは重心動揺距離は1.5倍の増加をみる。重心動揺軌跡のデータ例として代表的なものを図Ⅳ-18に示すが，特に高齢者は裸足でも直立姿勢の維持が大変で，成人の2倍近い不安定さを示す。高齢者の履き物は，ヒールの低い安定性のあるものを履く習慣が大切といえる。

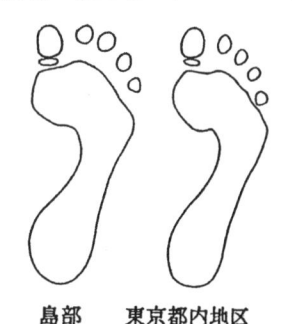

図Ⅳ-16 履き物の違いによる足型比較（12歳女子）
（中橋美智子：東京学芸大学研究報告，第16集，1969, pp.49～55）

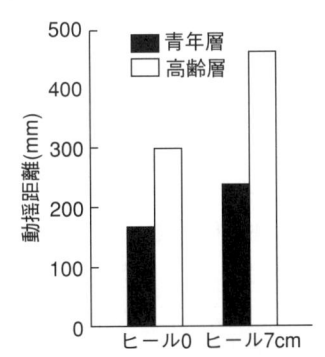

図Ⅳ-17 重心動揺距離の比較（両足立ち）
（中橋美智子：東京学芸大学紀要，第6部門，第41集，1989, pp.35～44）

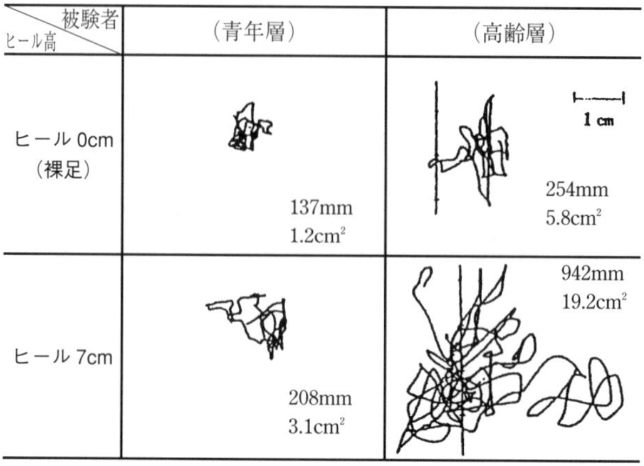

被験者 ヒール高	（青年層）	（高齢層）
ヒール 0cm （裸足）	137mm 1.2cm²	254mm 5.8cm²　⊢1 cm⊣
ヒール 7cm	208mm 3.1cm²	942mm 19.2cm²

図中数字　上：重心動揺距離，下：重心動揺面積

図Ⅳ-18　重心軌跡のデータ例
（図Ⅳ-17 に同じ）

3）足蹠からみた年齢比較

　年齢の変化に伴い，足蹠からみた足底部の形態も変化する。接地足蹠をピドスコープにより把握し，青年層と高齢層の比較をしたものが図Ⅳ-19である。青年層の場合5趾ともに同面積で円形のきれいなカーブで配置されている。高齢層の趾足蹠はいびつに変形し足底部に接近する。足底部と土踏まずの割合は青年層3：1，高齢層4～5：1となり，土踏まずのアーチを支える外足弓・内足弓の筋肉の維持能力の弱まりでアーチが下がり扁平化の傾向が表れる。また，外反母趾は高齢層より青年層に多く見られ，母趾角の平均は青年層-9°，高齢層-4.7°であり，窮屈な靴着用による弊害といえる。靴下も図Ⅳ-20にみられるように指先の変形や動きが妨げられ好ましくない。日頃から裸足の習慣をつけ，足はできるだけ拘束しないような配慮が大切である。

4）ヒール高と生理的反応

　ヒールの高さが歩行時に与える生理的な反応を疲労度の指標であるRMR（エネルギー代謝率）を測定した結果を示すと図Ⅳ-21のようになる。ヒール高90㎜が最も高い値を示し，生理的疲労度が大きいことがわかる。ヒール高45㎜が他よりも個人差が少なく低い値を示していることから，歩行時のヒール高と

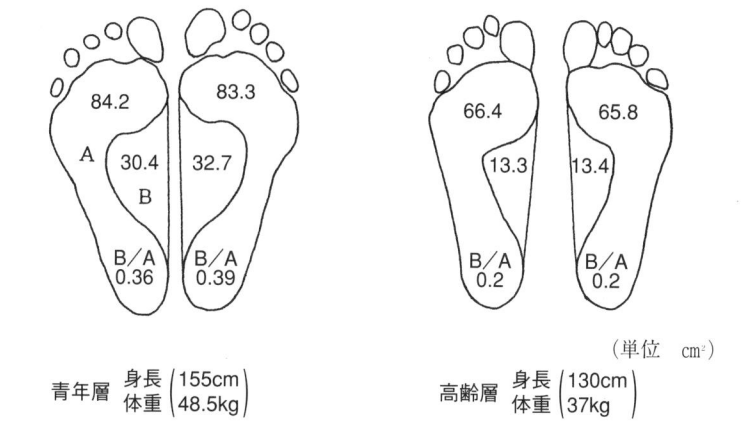

2. 付属被服類の環境と完全性　85

青年層　身長 155cm
　　　　体重 48.5kg

高齢層　身長 130cm
　　　　体重 37kg

（単位　cm²）

図Ⅳ-19　足底部面積・土踏まず面積の比較
（中橋美智子：東京学芸大学紀要，第6部門，第42集，1990，pp.97〜104）

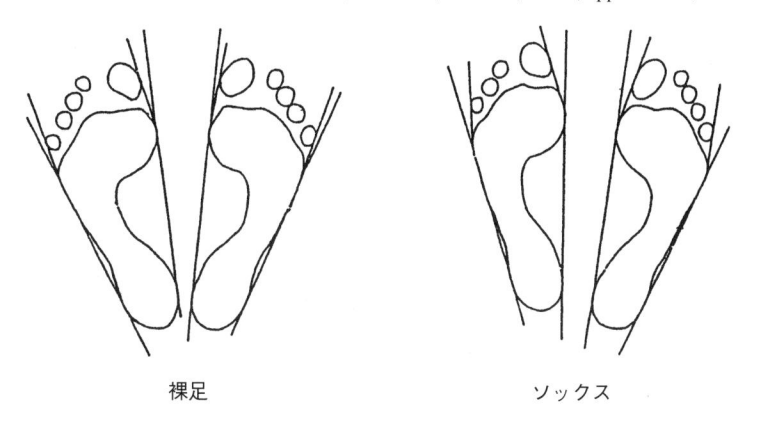

裸足　　　　　　　　ソックス

図Ⅳ-20　裸足と靴下着用による足蹠の比較
（中橋美智子：日本衣服学会誌，第37巻1号，1993，pp.23-31）

して生理的疲労が少ない適当な高さと考えられる。また裸足の歩行は45mmよりもやや高い値を示しており，人間の歩行には適度のヒールは歩行時のけりあげの負担を軽減し，生理的疲労低下に効果があると考えられる。しかし靴着用には習慣性がかなり影響を及ぼすことが考えられ，はき慣れた靴をもつことも必要である。

5) ヒール高と歩行

ヒールの高さと歩行との関係を，図Ⅳ-22に示す。ヒール高が高くなると歩行数が増大し，90mmは25mmより約10歩前後多くなる。すなわち，膝を曲げたチョコチョコ歩行姿勢になる。これは，厚底高ヒール歩行の実験結果にもみられた。また，高ヒールになるに従って上体の姿勢は重心が靴の前方に集中するので体を支えるためにそりぎみになる。90mmは25，45mmよりも肩峰点の位置で5〜6cm後方に移動した。

6) 靴内気候

寒冷な地域においては，靴の保温性は重大である。靴の素材は外側に防雪，防水性があり，内側は保温性に富む毛皮や起毛した布が用いられる。形態は，脚の被覆範囲が広く，ブーツ形式のものや適度な間隙により血行の阻害がないものを選ぶとよい。靴内の気候は，足底部の汗腺の集中によって特に高温環境や運動時などには靴内湿度が著しく上昇して，蒸れて不快になる。原田の研究によると，温度30℃，湿度75％RHの環境下で靴内温度が34.5℃となったと報

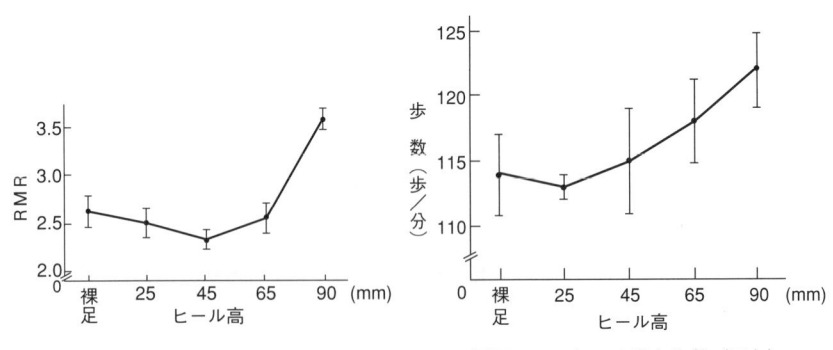

図Ⅳ-21 ヒール高とRMRの関係（福田，大野ら）
（日本女子大学家政学部紀要，33，1986）

図Ⅳ-22 ヒール高と歩数（同左）

告している。

　靴着用時は一般に密閉された状態が長く続くので，足からの水分蒸発が妨げられ，梅雨時，積雪時のゴム靴，ブーツ内は70〜90％RHの湿度に達する。黒田ら[3]は，学校教育で体育館履き使用の有孔シューズ（靴底部分，穴直径2㎜，穴数9個）による実験を試みた結果，有孔シューズには歩行時にふいご効果により靴内温・湿度を下げるのに有効であると報告している。靴内温・湿度の上昇は，不快さだけでなく，細菌の繁殖による皮膚炎や悪臭発生の原因になるので注意が必要になる。

3．衣服地の仕上げに伴う安全性

　衣服やその他の繊維製品が多種，多様に出回っている中で，衣服への付加価値を目的として種々な加工が行われたり，デザイン上の効果をあげるために不必要な付属品の取りつけなどがみられる。これらのものの中には，健康上の安全性が問われ，昭和40年代に入り，衣服地の仕上げ加工が衣料による障害として社会的な問題にもなった。

（1）加工剤による化学的刺激

　従来，問題となった仕上げ加工剤には，防縮，防皺加工剤（ホルムアルデヒド）や，染料，媒染剤，蛍光増白剤，界面活性剤などがある。防縮，防皺加工剤の例でみると，着用中に汗などによって衣服が接触した皮膚に付着し，接触性皮膚炎や加工剤中の化学物質が接触した人体がもっていた抗原物質とによってアレルギー性皮膚炎が発症した例があった。アレルギー体質や皮膚の弱い人は，加工された衣服は避けるとか，着用前によく洗ったものを用いるようにするのがよい。また，染料などには発癌性物質を含有するものや防虫剤に毒性のあるものがあった。

　これら衣服に加工される化学物質の有害性については，昭和49年度から「有害物質を含有する家庭用品の規制に関する法律」が施行され，消費者の各種加工剤から受ける安全性が法律上保証されるようになった。

（2）表面仕上げと付属物による物理的刺激

人体への物理的刺激による障害は，衣服の表面仕上げや表面形状などによって受けることが多い。上述してきたように皮膚に直に接するものは，肌ざわりがよく，柔軟性，伸縮性，吸・透湿性に富むものが望ましい。衣服の圧迫から受ける生理的障害やベルトやゴムの部分的圧迫や，毛先の硬いセーターなどの摩擦が刺激となって皮膚炎を誘発することがある。

（3）衣服形態と安全性

被服の形態は，着用者の心理的，温熱的，機能的の3条件が適切であったとき快適さは満足されるが，安全性の問題から考えると日常生活上は，機能性，安全性を最優先させるべきであろう。形態を安全性の面から挙げると以下のようになる。

① **ゆとり量の適切さ**　日常生活動作を束縛することなく，衣服の中で自由に人体が動くゆとりのあるものか，伸縮性のある素材を用いたものかが必要となる。しかし，ゆとりがありすぎるとかえって行動しにくくなったり，外界の器物と接触，機械やドアーにはさまれて転倒の原因やまたストーブなどの火源に接触して着火の原因となる。特に高齢者や子どもの衣服には注意が必要である。

② **衣服丈が適切であること**　長すぎる裾は，衣服の汚染にもつながり（階段昇降時），清潔上よくない。混雑した人ごみでは転倒したり，歩行を困難にする。また短すぎると動作が限定されたり，心理的不安感を与える。寒冷下の露出部の拡大は，下半身を冷却し，特に女性は生理的な影響を受けやすくなる。

③ **複雑なデザインは動作を制限する**　子どもや高齢者の衣服には過剰なデザイン，複雑な付属物は避けるべきである。子どもも高齢者も手先の動きや動作への対応が鈍いため，自分での着脱ができにくい。開口部の開閉に用いるボタンなどの留め具などは使い勝手のよいものを選び，長い紐，余分な付属物は避ける。

4. 寝床環境と寝具

　睡眠は，人間の生活に欠かせない健康維持のための大切な行為である。総務庁統計局社会生活基本調査（1998）によれば，日本人の睡眠時間は，全国平均男性は1日に7時間27分，女性は7時間9分と報告[4]されている。そして，われわれの一生の生活の中で約1/3は睡眠時間として費やされ，日々の疲労回復の原動力となっている。

　高度に発達した大脳をもつ人間にとって，睡眠時間は単なる運動活動の低下状態ではなく，覚醒時の生活活動で十分にかつ最大限に能力を発揮するために，大脳を休息させる時間である。したがって，睡眠不足のときに感じる不快感は，大脳が休息を要求しているからだといわれている。

　人間の睡眠は，二つのタイプに分けられている。その一つは，脳は活動しているが筋肉が弛緩（休む）しているレム睡眠（REM : Rapid eye movement）であり，もう一つは脳が休み筋肉が緊張（活動）しているノンレム睡眠（non - REM）である。図Ⅳ-23に示した睡眠経過図からもわかるように，この二つのタイプの睡眠がおおよそ90分ごとに交互に現れる。さらにノンレム睡眠は四つの段階に分けられ，段階が進むにつれ眠りが深くなることを表し，第4段階は最も脳が休んでいる状態である。眠りの深さは年齢によって異なる。

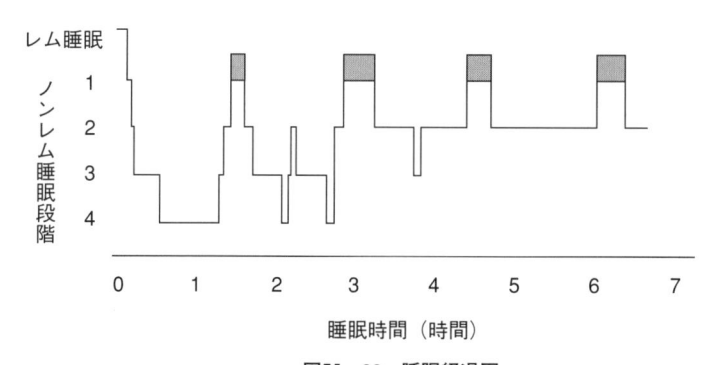

図Ⅳ-23　睡眠経過図

(Dement C, Kleitman N: Cyclic Variation in EEG during sleep and their relation to eye movements, body motility and dreaming, EEG Clin. Neurophysiol, Vol.9, 1957)

図Ⅳ－24には，加齢による睡眠効率の違いを示した。この場合の睡眠効率とは，就寝時間に対する正味の睡眠時間を示すものであり，年齢が進むにつれて睡眠効率が悪くなっていることがわかる。言いかえれば，睡眠中に何度となく目がさめていることであり，朝の目覚めの悪さと寝不足感をもつようになる。したがって，高齢者は夜間の睡眠が十分にとれないため，昼寝を必要とするのである。また，深い眠りでは，体動（寝返り）はみられなくなる。睡眠中の体動は，一晩に20～40回あり，特に子供は多い。さらに，睡眠が深くなるにつれて心拍数，血圧などの循環器系の活動は減少し，呼吸も減少するので，睡眠中の酸素消費量は10～20％減少して排気量は少なくなる。体温にも

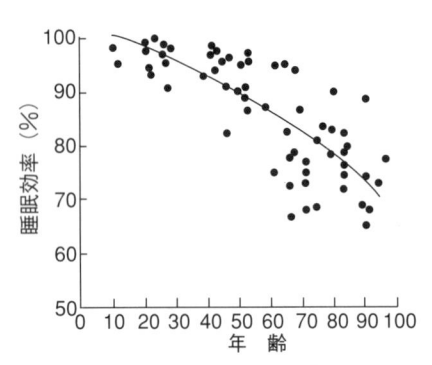

図Ⅳ－24 睡眠効率の年齢別変化
（睡眠学ハンドブック，朝倉書店，1994）

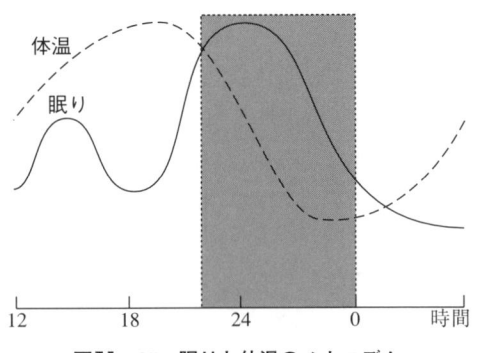

図Ⅳ－25 眠りと体温のメカニズム
（井上昌二郎：遺伝，1983）

変動がみられ，睡眠が進むと深部体温は約0.1～0.2℃低下する（図Ⅳ—25参照）。

この現象は，血流によって人体末梢部に送られた体熱が，体表面や手足を暖めて安眠に導くとともに，熱が放散しやすい状態となるため，発汗が起こる。特に子どもの発汗量は多い。また一方で，深部温の低下が内臓への血行を減少させ，胃腸の働きを鈍くするため，就寝前の摂食は胃腸への負担が大きくなる。

以上のような睡眠中の生理に対処して，心地よい快適な眠りを助けるには，寝衣や寝具，寝床環境に配慮する必要がある。

（1）寝床環境

快適な睡眠は，周囲の環境条件や寝具によって形成される寝床環境から影響を受ける。図Ⅳ-26は，寝床環境に影響する条件をあらわしたものである。

寝室環境は，気温・気湿，騒音，明るさ，臭いなどの条件が関わる。気温の低いときは，放熱による新陳代謝が高まるので寝具の保温性や身体へのなじみやすさの柔軟性が要求される。

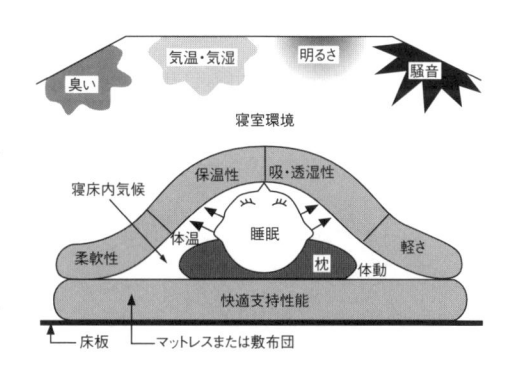

図Ⅳ-26　寝床環境とその条件
（前川：眠りとベディング，日本工業新聞社，1998より作図）

また気温の高いときは，不感蒸泄，発汗が盛んになり，一晩で約200cc排泄される水分で寝床内湿度が上昇する。そのために，吸・透湿性が要求される。また体動のしやすさは，寝具の軽さに関わる。

快適な寝室気温は一般には25℃前後であるといわれているが，個人差が大きく，地域によっても差異がある。冷房時の温度は25～28℃，暖房時は18～22℃，湿度は50～60%RHが適応条件とされている。また，寝床内気候の快適条件は，温度33℃前後，湿度は50%RH前後とされている。

騒音は道路を走る車の音や，テレビの音，人の話し声などがあるが，少しでも音を防ぐには二重窓や防音効果のあるカーテンを使用したり，雨戸を閉めるなどの方法がとられる。最適音は40dB（デシベル）である。

明るさは個人差が大きく，心理的なものに影響されやすい。一般に寝室の明るさは10～30ルクスがよいといわれている。

（2）寝具の選び方

日常生活で，衣服の着用が外気温に影響されると同様に，睡眠中の身体を保護し，快適な温湿度を維持するために，必要となるのが寝具・寝衣である。

1）掛け寝具

掛け寝具としては，布団，毛布，タオルケット，かい巻きなどが用いられて

いる。掛け布団には，保温性，吸湿性，透湿性に富む材質が要求され，使用する人の好みにより重量を選べるものも多い。一般に多く用いられている掛け布団の種類を表Ⅳ－3に示した。

2）敷き寝具

敷き寝具としては，布団類，ベッド類，マット類に大別できる。敷き寝具は，約7～8時間の睡眠時間中，全体重を支えなければならず，体圧の支えの良し悪しが睡眠の質を左右することにつながる。そのため，敷き寝具には，ある程度の硬さのあるものが望ましく，体圧保持性能にすぐれた寝具を選ばなければならない。

また，睡眠中には20～40回の寝返りを打つことが知られている。この寝返りには，長い時間，同じ寝姿勢を続けることによって起こる筋肉の緊張や，うっ血などを取り除く場合と，身体の一部が圧迫されるための寝苦しさによる場合とがある。そのため，敷き寝具は寝返りのしやすい材質であることも重要となる。柔らかすぎる敷き寝具は，身体の動きに支障をきたし，寝返りをしにくくする。表Ⅳ－4に，一般に用いられている敷き寝具の種類を示した。新しい寝具ともいえる表中の高粘度ジェルマットは，ウォーターベッドの難点であった寝返り時の水音や揺動が抑えられている。

表Ⅳ－3　掛け寝具の材質

綿 100%
綿・ポリエステル混
ポリエステル 100%
羽毛 100%
羊毛 100%
テンセル（木質パルプ）100%
麻・合繊混

表Ⅳ－4　敷き寝具の材質

布団	マット
綿 100%	ウォーター
綿・ポリエステル混	高粘度ジェル
ポリエステル 100%	エアー
羽毛 100%	羊毛
羊毛 100%	
麻・合繊混	

さらに，皮下脂肪は圧力を和らげる働きをしているといわれている。痩せて皮下脂肪の少ない人は，皮下脂肪の多い人に比べて敷き寝具の固さが直接身体に影響し，痛みとなって感じられるため，柔かい敷き寝具が望まれる。

なお，布団の耐用年数は，綿・合繊で3～5年，羽毛で10年とされている。しかし，近年の不況の影響もあり，繊維製品の中でも特に布団類の買い控えが大きく，特に掛け布団での生産性の低下が大きい（図Ⅳ－27）。

表Ⅳ-5　枕の材質

- そばがら
- 羽毛
- パンヤ
- 綿
- 真綿
- ポリプロピレン（ビーズ，パイプ）
- ポリエチレン（ビーズ）
- ポリエステル綿
- ウレタン
- セラミック（粒）
- 檜（チップ）
- 檜・ポリプロピレン
- 檜・そばがら
- 炭（粒）・綿
- 籐
- 陶

3）枕

　枕は，大脳の休息ともいえる睡眠に大きな影響を及ぼすものである。一般に用いられている枕素材を表Ⅳ-5に示したが，素材だけでなく枕の高さによっても寝心地のよさが異なる。図Ⅳ-28に示した寝心地に対するアンケート結果をみると，枕の素材，高さによって，寝心地感が異なることがわかる。同じ高さの枕でも，ウレタン枕のように硬い枕は寝心地感が悪く，また，羽毛枕のように柔らかい枕も，寝心地感が悪いと感じる人が多いことがわかる。最も寝心地感のよい枕は3cmの高さのそば枕であった。

　この中で，寝心地の悪さ100％であった11cmの高さのウレタン枕と，寝心地が最もよいとされた3cmの高さのそば枕について，枕上の頭部圧力分布を測定し，図Ⅳ-29に示した。大きな頭部圧力分布が狭い範囲に集中する枕は寝心地が悪く，圧力がある程度分散されている枕は寝心地がよいことがわかる。

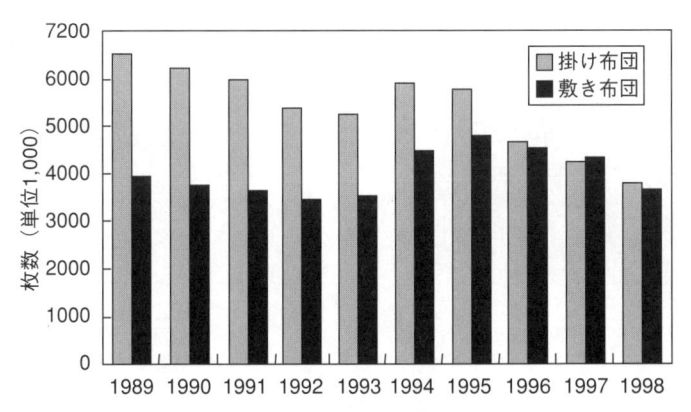

図Ⅳ-27　布団の生産高
（日経産業消費研究所：日経商品情報，1999）

94　第Ⅳ章　被服環境と安全性

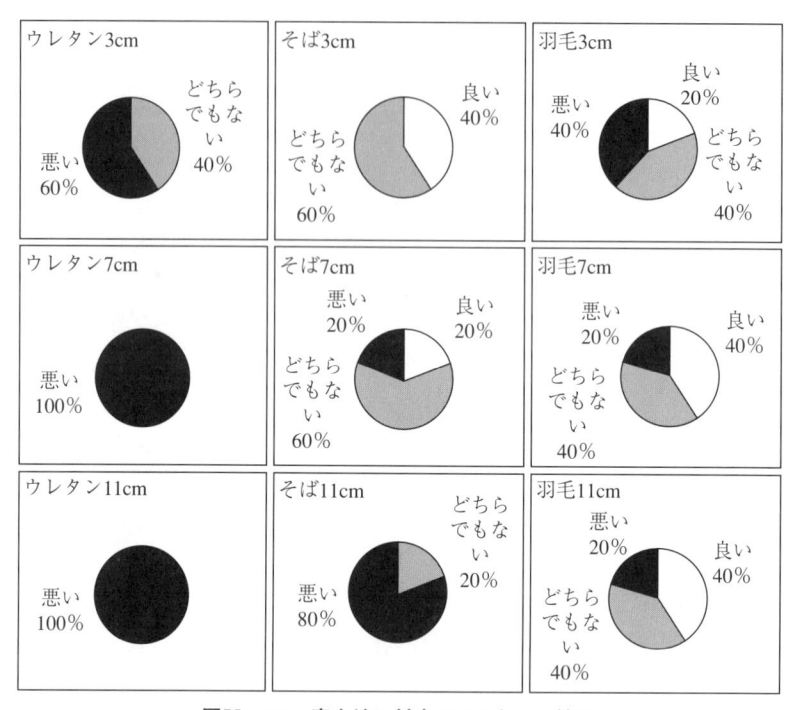

ウレタン3cm	そば3cm	羽毛3cm
悪い60%／どちらでもない40%	良い40%／どちらでもない60%	良い20%／悪い40%／どちらでもない40%
ウレタン7cm	そば7cm	羽毛7cm
悪い100%	良い20%／悪い20%／どちらでもない60%	良い40%／悪い20%／どちらでもない40%
ウレタン11cm	そば11cm	羽毛11cm
悪い100%	悪い80%／どちらでもない20%	良い40%／悪い20%／どちらでもない40%

図Ⅳ－28　寝心地に対するアンケート結果

（棚橋ひとみ，渋谷惇夫：枕の高さ変化が頭圧分布に及ぼす影響, Vol.40(2), 1999）

頭頂方向

ウレタン枕11cm　　　　　そば枕3cm

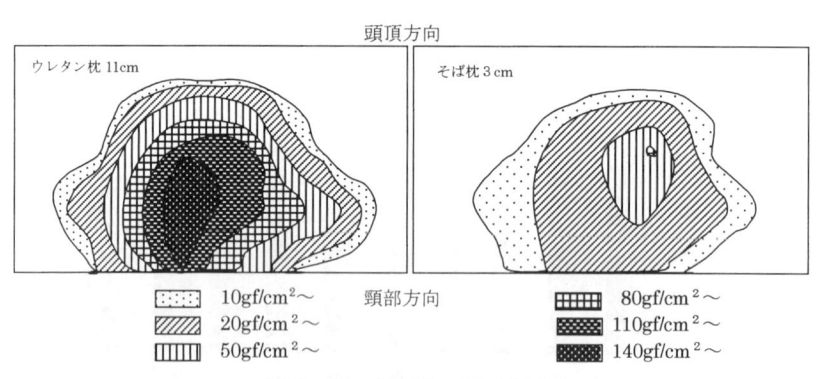

頭部方向

- $10 gf/cm^2 \sim$
- $20 gf/cm^2 \sim$
- $50 gf/cm^2 \sim$
- $80 gf/cm^2 \sim$
- $110 gf/cm^2 \sim$
- $140 gf/cm^2 \sim$

図Ⅳ－29　枕の高さと頭圧分布

（出典：図Ⅳ－28に同じ）

5. 高齢者・障害者の衣服と安全性

(1) 高齢者の衣服
1) 衣生活の現状

一般的に高齢層は，物を大切にし，年齢の分だけ所持量も多く，中年層や若年層に比較し外出，活動量が少なくなることから，消費は減少する。しかし，新しい衣服や靴を購入したいと希望した場合，それを満足させる商品の種類や数が少ない。その理由として以下の3項目が考えられる。

(1) 計測データが集めにくい
(2) 体型の個人差が大きい
(3) 消費が伸びる見込みが少ない

などで，現状では高齢者の既製服の需要と供給は手探りの状況といっても過言ではなく，高齢者・障害者が「安価で身体に合った着やすいもの」を求めることは非常に難しい。

しかし，これからの超高齢化を迎えるにあたり，需要の増加とともに，アパレル業界が対応の準備をはじめていることは事実であり，この流れが高齢者に適応した既製服づくりになるよう期待したい。現状では，既製服では適応できないため，「オーダー」，「リフォーム」，「ルーズなものを着る」などの対応で，衣生活を整えているといってよい。

2) 高齢者に適した衣服の条件

日本人はその国民性から自分の考えを率直に表現することが苦手であるといわれており，特に高齢者は実用面が表に出て，お洒落は，はしたないということすら考えられてきた。しかし，心の中に変身願望（きれいになりたいなど）があることは否定できない。実際にも，好きな衣服を着たり化粧することで表情が変化することがわかる。衣服のもつ心理的な効果は精神衛生上非常に重要な意味をもつものであり，高齢者であっても，生活上の目的，行動，精神面に適合する衣服の着装であることが望ましい。

入院中の患者の化粧は，健康状態の良否の判断上から，不適切であることは

理解できるが，老人ホーム・老人保健施設までもが，あたかも病院であるかのように，髪の毛を短くカットし，化粧無縁の生活にされるのは賛成できない。施設生活者は，経営者や寮母の考え方一つで左右され，「痴呆だから」，「寝たきりだから」，「どうせ家（施設）の中に居るのだから」と，これらの行為を妨げる傾向がみられる。おしゃれをしたい人・化粧したい人の希望が叶う環境が必要である。最近は，「高齢者のおしゃれ」に配慮し，少しでも，自分を自覚することにより痴呆防止の一助になるという観点から，率先しておしゃれを勧める施設も出てきている。

　高齢者の衣服に適した一般的な条件の例を形態と適応動作の面からまとめると表Ⅳ－6のようになる。

表Ⅳ－6　高齢者の衣服に適した条件の例

	形　態	適応動作
一般的な例	①袖刳り（アームホール）が大きい ②股上が十分にある ③背幅に余裕がある ④前開きあるいはかぶり形式のもの ⑤ボタン，ファスナーが取り扱いやすい ⑥裾幅に余裕 ⑦温度調節しやすい	袖通しが楽なように 腰が曲がっても背中が出ない 腕の動きに制限があっても衣類の着脱が楽になる 身体・手指の運動機能・好みによって異なる 細い場合足に障害がありマヒしているとスリットを入れないとはけない場合がある いろいろな組合せができる 汗などを吸収する材質
女性のおしゃれ	①自分の顔にあった衣服の色合い ②口紅の色 ③衣服の配色 ④柄物の組み合わせ ⑤腹部の目立ち ⑥衣服の分量のバランス ⑦痩せた首のまわりのおしゃれ	ピンク系かオークル系 衣服と同色系にする 使う配色を最小限度にとどめる スカートよりブラウスに柄物をもってくるとバランスよくまとまりやすい 腹部の突出部に，上衣のすそ線をもってくる スカート丈でバランスを調節 スカーフの利用
男性のおしゃれ	①清潔・においの配慮 ②リラックスできる着装 ③衣服の配色 ④靴は茶と黒を用意 ⑤ネクタイを外す	背広人間を辞めて，リラックスしたときの外出着を用意 同色系でまとめる 堅苦しさを辞めて，アスコットタイ・ノーネクタイなど衿元が楽なものにする

3）衣服が高齢者の身体に及ぼす影響

　高齢者は身体の動き，手足の動き，指先の動きなどが緩慢になり，運動機能や生理機能が低下し，個人差が大きいために衣服の適合性については一様に応ずることは困難である。そのために，視覚，嗅覚，聴覚，味覚などを個人のデータカードに整理し，被服関連の項目を追加することが必要である。すなわち不自由な身体的状態を把握し，被服新調の際，それらの感覚も加味して安全面を考慮した衣服を選択することが大切である。

① 安全性を考慮した衣服の選択

　a．サイズの適合性：単にバスト，ウエスト，ヒップなどのサイズだけでなく，袖丈を短く，ズボン丈を短く，股上を十分に，などの対応が必要である。既製服が合わないために，大きいサイズを購入し，不適合部分を直さず着用する場合が多い。そのために，家具に引っ掛けたり，つまずき，転倒・転落をまねく危険性がある。

　b．防炎性能保持：高齢者世帯および高齢者の一人暮らしの数は年々増え続け，死亡事故の上位に焼死があげられている。エプロン，アームカバー，寝具，カーテンなどできるだけ防炎性能をもったものを用意する。

　c．肌に優しい素材：高齢者の皮膚は老人性皮膚乾燥症など敏感であり，皮膚表面は傷つきやすいので接触面が柔軟な刺激の少ない木綿などの素材を選ぶことが大切である。

　d．衣料障害：直接肌に接触する肌着は，アレルギー源とならない木綿などの素材を使用する。毛の下着は透湿性・撥水性をもつことから，スポーツや登山着として発汗時，体温の放熱を防ぎ，保温効果がよいために用いられるが，毛の素材が直接肌に接することにより，かゆみを感ずる人は少なくない。

　前述のように，衣料加工処理剤による皮膚障害にも注目したい。肌着などは，着用する前に洗濯することが望ましい。また，レースや縫い代など物理的刺激による皮膚障害なども起こりやすいが，痴呆症状・言語障害で，本人から"かゆみ"や"痛み"に対する訴えがない場合もあり，ケアの中で介護者は，皮膚の状態を適宜観察することも必要である。

　また，被服は，軽量であることがのぞまれる。過度の厚着は身体を拘束し，新陳代謝や運動機能の低下を招く。寒冷環境での過度の薄着は，放熱を大きく

し，体温低下を招くので，適度な衣服気候が形成される組み合わせによって保温効果を得るようにすることが必要になる。

（2）障害者の衣服
1）被服を選ぶ条件
障害者の衣服も個々の実状に対応するように考えて選ぶことが大切である。以下にその条件をあげる。
(1) どのような障害か
(2) 身体障害が動作や着脱のどの部分に影響を与えているか（注1）
(3) 皮膚の状態を考えて被服の素材を選ぶ
(4) 本人の希望を聞く（注2）

注1：幼い頃から障害をもっている場合，交通事故やスポーツで障害をもった場合，高齢になり病気の後遺症として障害をもった場合など。

注2：本人の話を聞いた上で，納得がいくまで検討し，試着して様子をみる。「こんなものを着たい」「この部分をなおせば着られるのではないか」など着用者，製作者，リフォーム担当者らが十分検討したうえで選ぶのがよい。

2）衣服着装への関心
「装いは自己表現」の手段と考えることは人間すべてにおいて共通するものである。障害をもっている人にとっても，健常者と同じような衣服を着たいという願望は強いように思われる。

和服の着用についても，車椅子使用というだけで2分式の着物しか着られない，あるいは着物は着られないと思っている人がほとんどであるが工夫次第では，車椅子に腰掛けたまま着装することも可能であるので諦めずにチャレンジしてみることも大切であろう。

3）活動と被服の安全性
障害があると着脱に支障をきたすことが多い。身体にフィットした衣服は素材に伸縮性があれば活動しやすいが，伸縮性の度合により着脱しにくくなる場合もある。反対にゆとり量の多すぎるものは着脱しやすいが，活動の邪魔になったり，転倒の原因を生じやすい。したがって適度なゆとり量，丈などで機能性，安全性を確保する必要がある。障害のある高齢者も同様なことがいえる。また，

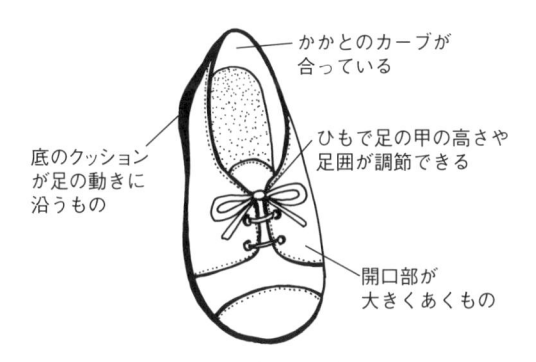

図Ⅳ-30 高齢者用靴の例

衣服だけでなく，帽子，靴，靴下，手足の補装具などへの考慮も必要である。

靴についてみると，片まひなどで足に補装具をつけるようになると左右のサイズが異なり，その上足がまひしているので爪先の先端まで開放できる靴が必要になってくるなどである。図Ⅳ-30に高齢者用靴の例を示した。

4）機能的衣服とデザイン

老化した諸機能をカバーするためや，種々の障害をカバーするために衣服のリフォームや配慮が必要になる。

障害者・高齢障害者は，部分的に似ているケースが見られるが，全く同じということはなく個々に考えなければならない。素材の性質を考慮し，具体的な衣服の工夫を考える必要がある。

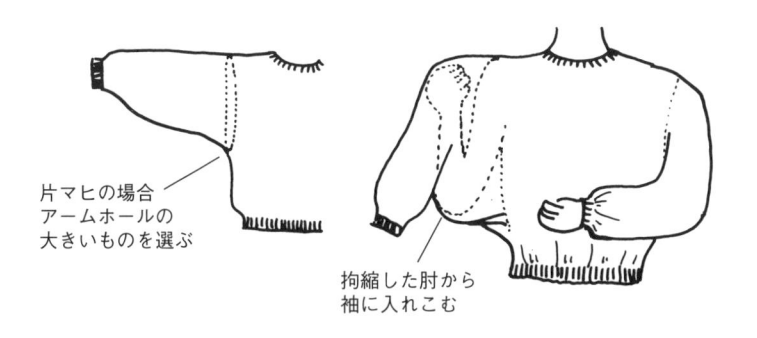

図Ⅳ-31 袖通しと袖ぐりの大きさ

① **衣服の工夫**　先天的に障害があったり幼い頃から障害があると、それなりに不自由を感じずに生活していることが多い。しかし、中途障害の場合はすべてになれていないのでそのショックが大きく立ち直るまでに時間を要するが、日常生活に必要な動作が可能になれば、行動範囲が広がってくる。

さらに、脳梗塞や脳内出血による後遺症、リウマチなど重度障害が起き、身体の自由を奪われると、小さいボタンかけ・ファスナーの上げ下げ・下着の着脱などに時間がかかり、ボタンやスナップをかけまちがえるようになるため着脱の介助が必要になる。

② **主な障害の種類と衣服の選択・リフォームへの配慮**（表Ⅳ－7）

表Ⅳ－7　主な障害の形態と衣服の工夫

	衣服の形態	注意・検討事項
車椅子使用の場合	上着の丈を短く椅子の座面につかえないようにする。ズボンは前股上が浅く、後ろ股上が深くなる。	前屈みの姿勢やずり落ちそうになる人は、原因をよく考え安易に補助ベルトで固定しない。車椅子の座面の幅や座面の角度、奥行きが身体に合っているかどうか検討。下半身が不自由な場合、血液循環が悪くなるので、保温に気をつける。
松葉杖使用の場合	上半身が発達している人が多いので、背幅、アームホールのゆとりを考慮する。脇の下を吊り下げるので前の打ち合わせが開かないデザインにする。	脇にマチを入れるなど、脇の下のパターンの工夫が必要（ドルマンスリーブのように袖ぐりを下げると逆効果）。雨天外出時傘がさせないので、レインコートの需要が多くなる。
腕、手指の不自由な人の場合（片マヒなど）	腕が拘縮し障害がある場合、袖ぐりを大きく取り着脱しやすくする。	片方の手で着脱しやすい方法を考える。手指の不自由な場合はボタンを大き目にし、スナップは避ける。ファスナーのスライダーのもち手を工夫する。マジックテープなどの利用。腕に障害があると前開きのほうが着やすいと考える向きが多いが、介助者がいる場合は確かに前開きのほうが着せやすいが、自立している場合は、ボタン掛けのないかぶり式のほうが着やすいケースが多い。

③ 素材の性質の考慮

a．裏布の滑り具合，まつわりつき：被服の素材にはそれぞれ特有の性質があり，素材は同じでも織り方により滑りに違いが出てくる。

車椅子使用者は，体の安定を保つことが難しいので，ずり落ちやすくなるため条件に合った裏布を必要とする。

また，一般的にも静電気の起こりにくい裏布のほうが，まつわりつきもなく着やすい。ポリエステル100％，ナイロン100％の裏布より，再生繊維で吸湿性のあるキュプラ100％のほうが，静電気が起きにくく着やすい（最近では表示はないが吸湿性ポリエステルの裏地も既製服に使用されている）。

b．透湿性素材：防水シーツやおむつカバーには透湿性防水のものがある。防水シーツやおむつカバーは，蒸れるとおむつかぶれを起こしたり，褥瘡の原因にもなる。蒸れにくい透湿性素材を使用することが望ましい。

障害によって，極度の緊張で発汗を伴う場合がある。完全防水のレインコートは不快となり，内部も濡れ，重量も重い。透湿性防水などの材質を用いたもので軽く，携帯しやすく，着用しやすいものが要求される。

最近はセミオーダーで障害児のために身体や車椅子にあったレインコートをつくる会社もできている。

c．防炎製品：可燃性繊維の事故は燃焼による火傷事故のほか，収縮・溶融して，皮膚に付着して火傷事故となることが多いといわれている（防炎製品の項参照）。火を使う場合は，エプロンや腕カバーにも防炎製品を使用することが望ましい。

④ 留め具への配慮

障害者の衣服には着脱の際の留め具の利便性も重要である。以下に各留め具について注意事項を述べる。

a．ファスナー：あらゆる場面で活用できるが素材は金属製，ナイロン製と様々で，紳士ズボンの前中心に使用する金属製のファスナーは滑りがよいが，尿が付着すると錆びるので，尿漏れの心配な人は金属製は不適当である。車椅子に腰掛けたまま尿瓶を使用する人は，股下の位置まで十分に開けられる長さ（30cm くらい）のものがよい。最近は簡単に取っ手を取り替えることができるファスナーが市販されている。手指の不自由な人は取っ手一つで着脱に大きく影響するので，それぞれの障害に対応したものを選ぶようにする。種々なケー

スに対応できるようにとファスナーを複数つけているものもある。

　b．カギホック：手指の不自由な人には扱いやすいものだが，つける場所を間違えると何の役にも立たないことがある。一つつけて試してみることが大切であろう。

　c．面ファスナー（マジックテープ）：障害者の衣服や介護用衣服，おむつカバーや寝間着，肌着にと様々に取りつけられて，面ファスナーは必需品のように思われているが，以下の欠点がある。
　(1)　洗濯するときゴミがつく。
　(2)　面と面が合わせにくい。
　(3)　外すとき力が必要（リウマチのように指先に力が入らないと外せない）
　(4)　おむつを外すと大きな音がするので，プライバシーが傷つけられる。

　d．ボタン：小さいボタンは手指の不自由な人にはつまむことが困難でボタンかけは不可能といってよい。一般的にはある程度大きいボタンで足のあるもの（フラットなボタンには糸足をつける）が持ちやすい。

　e．マグネットボタン：指先に力がない場合活用できるが，心臓にペースメーカーを使用している人は使用できない。

（3）下衣衣服

　軽い失禁や，便意が近くなると下着を汚すことが多くなる。本人の意識・尿意に関係なく介護者の都合でおむつをつけるケースが多い。尿意を示さない場合は，やむをえずおむつをつけるが，時間を決めてトイレに誘導するなど，おむつをつける時期を少しでも遅らせることが大切である。

1）失禁用パンツ

　高齢者の3人に1人は失禁があるといわれている。また，高齢者だけでなく健康だといわれている人々の中にも尿失禁に悩んでいる人が少なくないという事実が社会問題になりつつある。

　尿失禁には，腹圧性尿失禁，溢流性尿失禁，切迫性尿失禁などがあるが，その中でも溢流性尿失禁は50歳以上の男性に多くみられ，これは前立腺肥大などで，尿道狭窄のために起こる。膀胱が飽和状態になると，あふれるように少しずつ尿が漏れ，完全に出し切ることができないので常に残尿感がある。女性の

尿道狭窄症でも同様の症状がある。このような場合は，失禁用パンツが必要になる（図Ⅳ－31）。

少々の漏れは，失禁用パンツの利用が適している。決まった時間にトイレにいくことを勧め，安心して外出できるように失禁用パンツを使用することもよい（別称：快適パンツ，安心パンツ）。

尿パッドを当てる

図Ⅳ－31　失禁用パンツ

2）おむつ

おむつには布おむつと紙おむつがあり，最近では紙おむつの使用量は布おむつを大幅に上回っている。

大人用紙おむつは尿の保水量が多いものが適当であるが，乳児のおむつと異なり尿量も便の量も多く，感染の媒体となることも考えられるので，商品の特徴をよく理解するとともに取り扱いの知識が必要である。

① **布おむつ**　表Ⅳ－8に布おむつの種類と特徴をあげた。それぞれ，長所，短所があるので，尿量に応じた素材を選択することが大切である。成人用おむつは洗濯後の乾燥，たたみに時間を要するので貸おむつ利用をすることも考えられる。また，便の後処理を楽にするにはオムツライナー＊の利用もよい。介護期間が長期にわたる場合は，介護者の負担を軽減するためにも，これらの利用は有効であろう。

＊便を受けるためにおむつの内側に敷くシート

② **紙おむつ**　夜間の利用や介護者の負担軽減や尿の保水量による，感染症の予防などの理由で使用されている。昭和63年から「大人用紙おむつ」は「医療費控除対象品」となった。時代とともに洗濯に手間のかかる「布おむつ」から，衛生的で手間のかからない「紙おむつ」に替える人が増えてきた。各社競って「大人用紙おむつ」を生産しているので種類が多く，選択するのが非常に難しい。表Ⅳ－9に大人用紙おむつの例を示した。特徴をよくとらえ，状態にあったものを選択したい。

　a．形のちがい：フラットタイプは，重ね使いできる（重ねる場合，肌に当てる側のおむつのポリエチレンシートに切り込みまたは，穴を開ける）。パンツタイプ

表Ⅳ-8 布おむつの特徴

		素材の性能	型，サイズ
布おむつ	サラシ（綿）	肌触りがよく浸透性に優れる。干しやすく乾燥が速い。安価である。濡れるとベタつき，含水性が低下する。	36 × 110 ～ 120
	ネル（綿）	保温性，耐久性がよく新しいものは肌触りがよい。古くなると繊維が堅くなり肌触りが悪くなるが含水性がよくなる。	
	ニット（綿）	ソフトな肌ざわりで吸水性がよい。他のものに比べると高価。	60 × 70 30 × 70
	ドビー織り（綿）	肌触り，吸水性がよく，保水性に富んでいる。繰り返し洗濯で吸水性が向上する。	45 × 125
	アクワロン（ポリエステル）	サラッとしていて，肌触りがよく，吸水・乾燥が速い。	

表Ⅳ-9 大人用紙おむつの特徴

形	構造	サイズ(cm)	価格
フラットタイプ （重ね使いができる） （おむつカバー必要）	綿状（粉砕）パルプタイプ （切って使用することができない） 吸水シート（積層）タイプ （切って使用することができる）	30 × 60 ～ 75 など	安価 ポリマー入りは高価
パンツタイプ （おむつカバー不要）	綿状（粉砕）パルプタイプ	S : 56-75 ML : 70-95 LL : 90-125	高価
尿失禁パッド	フラットタイプ （洗えるもの，使い捨てのものがある） 漏れ防止ギャザーつき	16 × 30 ～ 40 9.5 × 22 など 21 × 48 など 製品ごとに特徴がある	洗えるものは1枚 750 ～ 1000 円 使い捨てのものは比較的安価

は，おむつカバー不要で動作しやすい。

 b. 構造のちがい：フラットタイプは「綿状パルプタイプ」と「吸水シートタイプ」の二つのタイプがある。パンツタイプはほとんど綿状パルプでできており，「綿状パルプ」は切って使用することは不可能で，切断すると内部の素材がほぐれて出てくる。「吸水シートタイプ」は一度使用して，汚れていない部分

〔構造のちがい〕（紙おむつ）

肌に当たる部分（不織布）
吸水シート
防水シート（ポリエチレンシート）
綿状パルプ

〔形のちがい〕（紙おむつ）

パンツタイプ（1）　　パンツタイプ（2）　　フラットタイプ

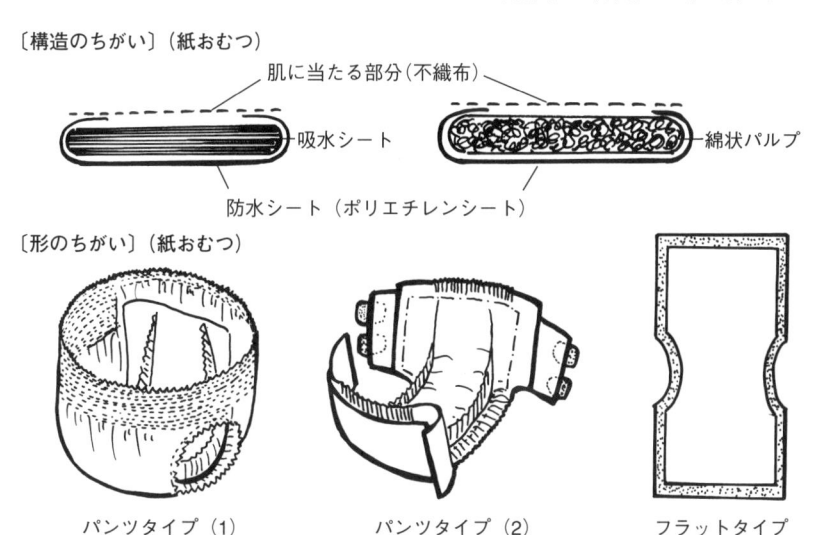

図Ⅳ-32　おむつの形と構造

を切り取り使用できる。また尿や便の量により，切り重ねて使用することが可能である。尿の吸収量は90～900cc前後で高分子ポリマー入りのものは吸収量が多い。

　c．サイズ：大人用サイズにはS, M, LあるいはS, ML, LLなど製品ごとに表示が異なり統一されていないので，体にあったサイズを購入する。

　d．ポリマー（高分子吸収材）：吸収した尿をゼリー状に固め，漏れや，逆戻りを防ぐ。老人が尿意を感じるのは150mlからだといわれているが，紙おむつには「保水量500ml」のような表示がなされており，2～3回分の尿量にあたる。しかし尿量，体圧のかかり具合で漏れが生じることもあるので注意したい。

　3）おむつカバー

　布おむつやフラットタイプの紙おむつを使用する場合，おむつカバーやネットパンツ（フラットタイプの紙おむつを使用する際用いられるウーリーナイロンのネット状のパンツ）が必要になってくる。おもらしの初期症状には，失禁用パンツにパッドを当てるだけで十分だが，症状に応じて下記のような種類が必要になってくる。フリーサイズのものより，大きさを分けているものの方がよく，サイズ不適合は漏れ，床ずれの原因にもなる。

おむつカバーの材質は完全防水のものと，透湿性防水のものがある。

完全防水のおむつカバーは，通気性のない化学繊維（ナイロン，ポリエステルなど）でできており，蒸れやすい。尿量の多い高齢者は漏れやすいので介護者の手を省くために使用するケースが多い。

これに対して透湿性防水はウールに代わって，ポリエステルに透湿性防水加工をした素材が商品化されている。蒸れが少なくつけ心地のよい素材である。

表Ⅳ-10 大人用おむつカバーの特徴

	形態的特徴	適した用途
T字帯型ビキニスタイル	前開き，後ろ開きがある。圧迫感が少なく，蒸れにくい。	尿量が少なくリハビリなどで活動量が多い場合。後ろ開きは，痴呆症などで，尿意のない人に使用される。
巻き式カバー	腰全体を，腰巻きのように覆うタイプ。	股関節が硬直して，足が自由にならない場合。
パンツ型	前開き，脇開きなど。半身，手などに障害がある場合でも着脱しやすい。体型にあったものを選ぶ。	おむつカバーより肌着感覚で用いられるので，精神的に抵抗が少ない。軽い失禁の場合も用いられる。
オープン型	サイズを合わせて購入する。マジックテープ，スナップボタンなどで，着脱しやすくなっている。一般的なおむつカバー。	幅広く用いられているが，寝たきりの利用者が多い。ウエストのゴム，蒸れなど，床ずれ予防に気をつける。

T字カバー　巻き式カバー　パンツタイプ　オープンタイプ

図Ⅳ-33 おむつカバー

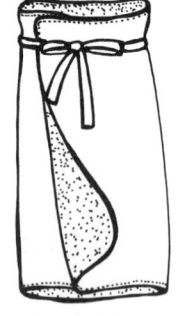

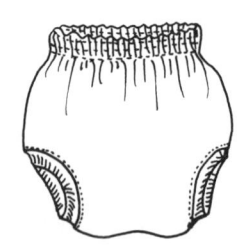

小さい気孔があることに変わりはなく、体圧がかかると漏れるので、過信できない。

このほか、ボタン式よりマジックテープ式のほうが、床ずれなど身体に与える影響が少ない。自分でおむつをはずしてしまう場合は、おむつカバーの上からネットパンツやジョギングパンツをはかせるのも一案である。

身体障害児の紙おむつ

昭和62年頃から、紙おむつは乳児用を中心に急速に普及し、府中養護学校の障害児もほとんどが紙おむつを使用していた。しかし、体の大きくなった養護学校の児童には、乳幼児の紙おむつは小さすぎ、体格にあった紙おむつはなかった。一つの養護学校の問題だけでなく、全国規模の問題だが、乳児用や、大人用紙おむつの需要に比較し、その中間サイズの紙おむつは、比較にならないくらい少ない。ただの消費量だけではかたづけられない問題である。平成2年第1回紙おむつ懇談会を開いて以来、研究が進められてきた。

紙おむつの会社は全国に約40社あり、赤ちゃん用は120アイテム、大人用は350以上のアイテムがある。現在は数社で、中間サイズの紙おむつが生産されている。

〔中間サイズ紙おむつ研究会、東京都福祉機器総合センター(旧東京都補装具研究所)岩波、府中養護山脇〕

6. 特殊衣服の機能と安全性

　日常生活とは異なった特殊な環境条件のもとで着用される衣服は，その目的に応じて特別な機能が要求される。各々の要求性能を満足させる衣服材料であり形態でなければならない。

（1）防護服の基本的機能
　防護服に求められる基本的性能は生命を完全に保護することである。そのため，衣服への不浸透性，外界と遮断するために厚手の衣服材料が要求される。このような衣服は，着心地や快適性と相反することも多くなるので，この矛盾をできるだけ少なくすることが必要である。
　安全で機能的な衣服をデザインする場合は次のようなことが考えられる。
 (1)　使用目的，環境を的確に判断し，人体の活動状況，実際の使用状況などを観察し要求性能を把握する。
 (2)　絶対必要な要求性能と衣服としての望ましい要求性能とを峻別する。
 (3)　着用時，できるだけ作業が行いやすいようにデザインの要素と衣服材料の性能との整合性を求める。
 (4)　着心地，衣服内気候などにもできるだけ考慮し，洗濯・管理なども容易であるように考える。

　防護服が必要な職種は多くあり，それぞれの要求に応じた保護衣が考えられている。それらの中から特殊衣服の例について述べる。

（2）防寒服
　防寒防護衣は2種類が挙げられる。一つは寒冷自然環境に対応する特殊なもので，他の一つは冷凍冷蔵倉庫，冬期の屋外作業など寒冷環境内で作業する場合に着用するものである。前者は，酷寒の自然環境の中で生命を維持するために着用するものであり，外界との熱の遮断（保温）を第一の目的とするので，被服材料，デザインを考慮する。後者は，日常的特殊寒冷環境の中で，できるだけ快適な状態で作業ができるような防寒衣でなくてはならない。

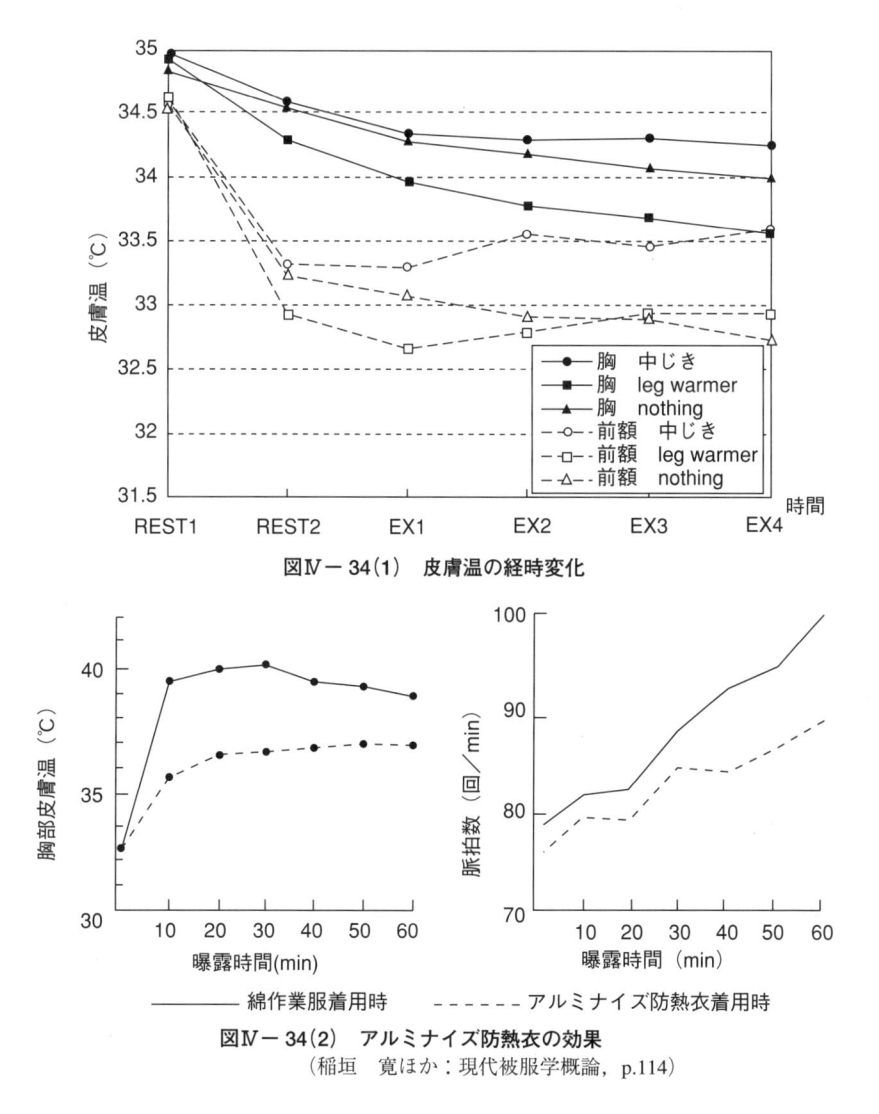

6. 特殊衣服の機能と安全性　109

図Ⅳ-34(1)　皮膚温の経時変化

図Ⅳ-34(2)　アルミナイズ防熱衣の効果
（稲垣　寛ほか：現代被服学概論，p.114）

　保温性のよい衣服は一般に厚く，重くなりがちである。また保温効果向上には，補助衣服が考えられる。例えば，ある冷凍工場の作業に従事する女性の防寒補助衣の実験によると，通常着用している長靴に中じき，さらにレッグウォー

マーを組み合わせることによって保温効果を向上させることができた（図Ⅳ－34(2)）。寒冷環境下の作業でも、作業中には発汗があるため、水分放散が容易なデザインを工夫することも必要である。

（3）防暑服

防暑のための衣服を考える上には、二つの原則が上げられる。その一つは、皮膚からの放熱や蒸発を妨げないこと、例えば、開口部を大きく、体に密着しないなどの工夫が必要となる。他の一つは、直射日光のもとでは遮熱性を考慮することである。この二つの原則は必ずしも両立しない。例えば、遮熱性を考慮して被覆面積を大にすると放熱を妨げる結果となるからである。

図Ⅳ－35　防寒服

わが国のような高温多湿の気候条件では放熱を第一にし、遮熱性を二次的に考え、直射日光下では帽子や日傘などを用いて防暑することが望ましい。しかし、極端な高湿環境下においては、体温調節が不調になって熱中症などの危険に曝されることがある。このような場合は涼しい環境におき衣服の開口部をあけ、涼しい風を入れて放熱の促進をはかるようにする。

（4）防火耐熱服

われわれが日常目にする代表的なものとしては消防士が消火作業をする場合に着用する防護服がある。燃焼物を消火する際は非常に高い温度環境下で作業するため防炎・断熱性と放水するホースからの水しぶきや水流から身を守るために防水性も必要である。

衣服素材としては、表生地には防炎耐熱にすぐれた繊維素材（アラミド、図Ⅳ－36）、防水性を高める撥水加工さらに防護性を高めるためにインナーは防水層と断熱層の二重構造にし空気層を多くすることで着用者を火災から守るように考えられているものがある。また作業中の発汗も考え、

図Ⅳ－36　防火耐熱服

素材には綿が使用されている。綿は吸湿性に富み、静電気の発生を防ぐとともに、体にもなじみ機能性も高める。この種の防護衣は、生命を守る目的から特に安全性を重視して機能性を考え開発されている。

(5) 防塵服

防塵服は半導体素子、医薬、食品の製造などハイテク産業において必要とされている。防塵服は素材の発塵を低減するだけでなく、作業者の衣服内塵埃を外へ出さないような条件が取り入れられている。

素材の一例としてはポリエステルフィラメント糸を用い、微粒子の通過を少なくするために高密度織物が使われることが多い。そのため、疎水性繊維を用いたり、通気性の低い高密度織物であるため着心地の面からは問題があった。最近衣服内のほこりを強制的に吸引し、フィルターを通してクリーンな空気を衣服外に排出することで、襟元や袖口からの漏洩発塵を完全に防ぐことのできる防塵服も開発され、それにより低発塵アンダーウエアの着用も不要となり作業能率が高められているといわれている（図Ⅳ-37）。

図Ⅳ-37　防塵服
(㈱クラレ・カタログ)

(6) 化学防護服

労働衛生保護衣と広く考えられるもので、ガス状、液状など人体に有害な化学薬品、農薬から身体を保護するための保護衣服であり、JIS T-8115 に規定されている（図Ⅳ-38）。これらの衣服は帽子、マスク、手袋、長靴などで全身を被覆する。

素材としては耐薬品性と不透過性を付与するためにビニール系やウレタン系のフィルムまたこれらをコーティングしたナイロン、ポリエステルなどの織物が使われており、衣服自身には通気性も透過性もないために腰

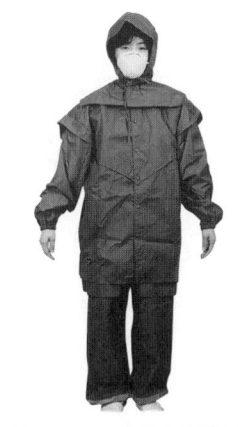

図Ⅳ-38　農業用防護服

部などに開口部をつくるなどの工夫がなされている。

　農業用防護服には，防水性，農薬が付着しないように撥水性のほかに日常繰り返し着用されていることから耐久性，耐洗濯性などが要求される。また農薬散布においては吸入毒性を保護する防毒マスクと経皮毒性を保護する防護服が必要である。しかし夏季炎天下での作業やビニールハウス内での作業など苛酷な条件下では着心地，快適性の面で問題ものこしている。

　その他放射線防護服（図Ⅳ－39），耐電衣，防毒衣，病院用衣服などが挙げられる。

図Ⅳ－39　放射線防護服

（7）宇宙服

　空気もほとんどなく，気圧も限りなく0に近い宇宙空間にあって気密性を確保し太陽からの熱放射，宇宙放射線，微小隕石などから宇宙飛行士を守るものである。基本的着用状態はヘルメット，上部トルソ（ガラス繊維製の硬質チョッキ），腕部，手袋部，下部トルソ（下半身保護具）から構成されている。図Ⅳ－40はNASAの宇宙服の構成図である。宇宙服の中は，温度や酸素が保たれ，宇宙飛行士の命を守る。

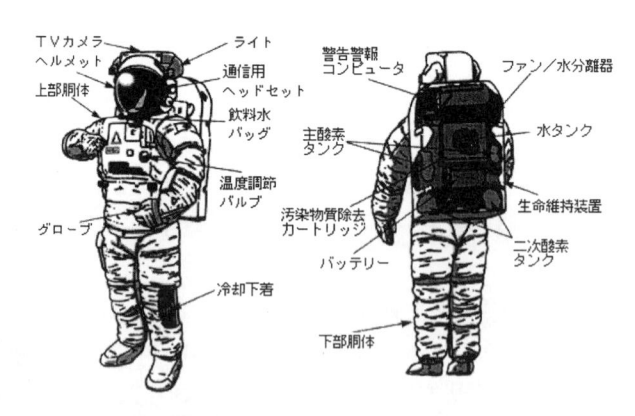

図Ⅳ－40　宇宙服と船外活動ユニット（宇宙開発事業団）

その他，各種スポーツの各々に適合するスポーツ服，潜水服，漁業服などそれぞれの職業，行動に合わせて特殊衣服があるが，いずれも人体の生理機能が十分に発揮され，生命の安全を確保できるものでなければならない。

7. 衣生活と色彩

衣服を選択するときのキーポイントの一つに色彩がある。デザイン，素材が気に入っても色が好みのものでなければ用いる気にならないように，衣服の与えるイメージの中で色の果たす役割はきわめて大きい。

色にはその色のもっている色の感情がある。色を見ただけで色が連想を引き起こし，その色が象徴するイメージがわいてくる。また，色の見え方はまわりの色，環境の明るさ，照明光の種類などに影響される。それらの特性を学んで衣服を購入するときには用いる目的や場を考えた選択をしたい。

(1) 色の表示
1) 色の表現

色の基本　色には有彩色と無彩色があり，赤・緑・青という色味のある色を有彩色，白・灰・黒のような色味のない色を無彩色という。

赤・青・緑のような色の種類を色相，色の明るさの度合いを明度，色の鮮やかさの度合いを彩度という。これら三つを三属性という。私達は色を他の人に伝えるとき，色名を用いる。その色は子供の頃に学習したクレヨンの色やおり紙の色であったりする。工業製品の色を表したり学術的に色を表現するときはもっと厳密な表し方が必要となる。例えば，新企画の既製服を作るための染色などは色の指示は微細である。発注者の思いが染色業者に的確に伝わるためには色相，明度，彩度が確実に表現できなければならない。

このようなとき用いられるのが表色系といい，その種類にはマンセル表色系，オストワルト表色系，NCS表色系，PCCS表色系，CIE表色系などがある。これらの表色系はそれぞれ，つくった国，つくった人，つくった概念が違うので，利用分野も異なる。

色彩表示の基礎であるマンセル表色系はアメリカのマンセルが創案したもの

で，その後修正され，修正マンセル表色系としてわが国の JIS Z-8721 に採用されており，これに準拠した JIS 標準色票が発行されている。標準色票と比較してその記号によって表すことができるので正確であり，学術的にも広く用いられている。また，工業系，科学系に最も用いられているのは分光反射率を基礎としている CIE 表色系（国際照明委員会）である。

2）色　名

最も簡単に色を表す手だてとしては色名があり，JIS の色名表示では JIS Z-8102 がある。。これには系統色名と慣用色名があり，系統色名は基本色名と修飾語で表す。系統色名の基本色名は有彩色 10 色と無彩色 3 色である。

基本色名 ┌ 有彩色：赤・黄赤・黄・黄緑・緑・青緑・青・青紫・紫・赤紫
　　　　 └ 無彩色：白・灰・黒

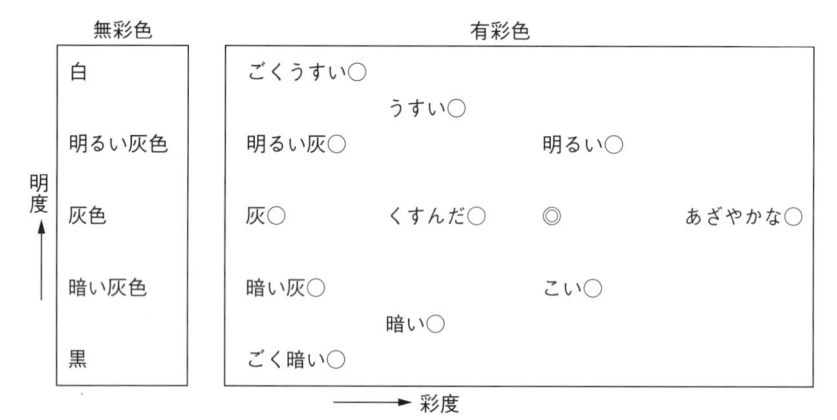

無彩色	有彩色			
白	ごくうすい○			
明るい灰色		うすい○		
	明るい灰○		明るい○	
灰色	灰○	くすんだ○	◎	あざやかな○
暗い灰色	暗い灰○		こい○	
		暗い○		
黒	ごく暗い○			

明度 ↑　　　　　　　　　　　　彩度 →

○は基本色名（色相名）を表す
◎は基本色名（色相名）だけで表す

図Ⅳ-41　明度と彩度の修飾語

これら 13 色に赤みの，黄みの，のような色相を修飾する語と，明るい赤というように明度を表す修飾語，あざやかな赤というように彩度を表す修飾語で表される。慣用色名はわれわれが日常用いている果物の名や花，野菜の名などなじみのあるもので，朱鷺（とき）色，なす紺，藤色，すみれ色，チョコレート色など 170 種類である。朱鷺色はかつて日本の何処でも見られた羽を広げて群をなして飛んでいた朱鷺の羽裏の色でピンクの美しい色である。

JIS 規格では慣用色名を規定しており，その色はマンセル表色系で示されている。これらの慣用色名はおおよその色のイメージを相手に伝える場合には大変わかりやすい。しかし工業製品のように，製品として色が正確に伝達されねばならない場合はこの表し方は厳密でない。その場合は色を正確に伝達できる表色系を用いなければならない。アパレル業界で用いられているのは色票がゆき渡っている PCCS 表色系である。

3）PCCS 表色系

PCCS 表色系は，日本色彩研究所の表色系で，色相，明度，彩度の三属性で表すが，明度と彩度を一緒に表したトーン（tone 調べ）という概念ももっているところに特徴がある。明るくて，色味の薄い色つまりベビー服の色のような白みにちょっと色が入っているような色をペールトーン（pale tone）という。色味が多い彩度が最も高い色はビビッドトーン（vivid tone）という。この表色系は，アパレル業界でよく用いられ，「来冬の流行色の予測はダークトーン」というようなときに用いられ，色のもつ感情もあわせた表し方になっている。この表色系の表し方は次の順序で表記する。

　　トーン記号，色相番号：略号，和名／英名で示す。

　　例　p16：gB，緑味の青／グレイッシュブルー

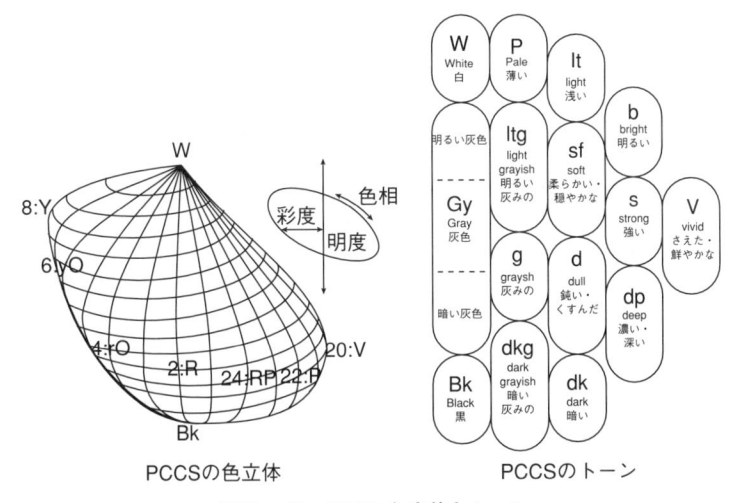

図Ⅳ－42　PCCS 色立体とトーン

色相は赤，黄，緑，青の心理4原色をもとに24色で色相環を構成している。明度は明るさを表し真っ黒を0，真っ白を10として灰色の段階にメモリをつけた。色紙で表せる範囲は1.5～9.5（マンセルV値）であることから実用上明度の低い黒から1.5, 2.5, 3.5・・・9.5まで9段階を置いている。

彩度は無彩色の軸を0，わずかに色味のある領域を1，最も純度の高い領域（純色）を9とし，マンセル表色系の彩度と区別するためにsaturationの略語Sを付記している。

（2）色の見えに影響するもの

衣服の色などを見るときの色の見え方に影響するものに，光源の影響・照度の影響・まわりの影響（対比）・面積効果などがある。

1）光源の影響

私達は果物や野菜などを見るとき，太陽光のもとで見る色を最も自然な見え方と思っている。蛍光灯のもとで見ると，同じ赤色でも色みがちがってみえる。これは光源の影響である。

光源によって色の見え方がちがうことは，トンネルの中で見た色と太陽光のもとでの色の見え方が異なることをドライブのときなどよく経験する。トンネルの照明は低圧ナトリウムランプといい，明るさ効率のみを優先して開発した光源で色の見えは考慮されていない。光源の違いによって色の見え方が異なることを演色性という。

したがって衣服を購入するときなど照明光に気をつける必要がある。デパートの洋服売場で見た色と，実際着て外出したとき，色の見え方の違いを実感することがある。このようなことのないように大きなデパートや専門店などは太陽光源をよく表した色温度の照明光を売場の一画に用いて自然光源のもとで見た色と同じ状態になるように配慮しているところがある。

2）照度の影響

私たちの1日の生活は朝から夜まで明るさが大きく変わる環境で生活している。日常生活では当たり前のことで周りの環境の明るさによって色の見え方が変わることに注意をはらうことがない。しかし，注意して見ると色の見え方が大きく変わっていることに気がつく。

昼休みに日光のさんさんとふりそそぐ公園で赤いバラの花を鑑賞する。「なんと美しいビロードのようなバラ」と思って見ていた。会合が終わって再び夕方，そのバラの前を通る。「このあたりにきれいなバラがあったはず」と思うが，夕闇迫ってくる薄暗さの中で，昼間はあんなに目立って赤かったバラは見えない。よく見ると，黒ずんでまわりの闇に同化してしまい，夕方の薄暗さの中では赤いバラのあの輝きは全く失われてしまっている。このような環境の明るさの影響は，色の見え方にも大きな影響を与える。

3）まわりの影響（対比）

同じ照明下で全く同じ色が背景色の違いで異なって見える現象がある。これを対比という。物理的に同じ色であるにも関わらずその色を囲むまわりの色の影響である。単独で見た場合と周囲を違う色で囲まれた場合で色の見え方が異なるのは，二つの色が相互に影響しその相違が強調され色を単独で見た場合と違って見える現象となる。

例えば，母親が2人の子どものセーターを編んでいる。姉・妹のセーターは色違い。姉は黄，妹は赤，模様の風船は同じ色のオレンジ色で編み込む。風船は同じ毛糸で編んだのに黄の中のオレンジの風船は赤っぽく見え，赤の中のオレンジの風船は少し黄色っぽく見える。「同じ色で編んだのに，まわりの色によって違って見える。」こんな経験をした人は多いに違いない。

色の対比には，色相の影響，明度の影響，彩度の影響，補色の影響などがあり，それぞれ色相対比，明度対比，彩度対比，補色対比という。

4）色の面積効果

色の見え方には面積の大小が影響する。例えば，小さな5cm平方の服地サンプルを見てワンピースをつくったとする。小さな布で見ていたときの色と，大きなワンピースになったときの色では，色の見え方が全く違う。鮮やかさが増したのである。これを色の面積効果といい，大きい面積になると，小さい面積で見たときよりはるかにあざやかになったのである。

面積効果には2種あり，明るい色は大きい面積になると，よりあざやかになり，暗い色は大きい面積になると，より暗く見えるようになる。色サンプルで衣服を選ぶ場合など注意しなければならない。

（3）色と心理
1）色彩感情

　赤は暖かさを感じ，青色には寒さを感ずるというような色がもつ感情，これを色彩感情という。男女，老若を問わず多くの人に共通する客観的な固有感情である。色は自然の事物への連想から色彩感情に結びつけられるとともに，生活との関連づけから抽象的な連想を生み，感情を動かす。色は感情に直接働きかける作用をもっている。色と色彩感情について表Ⅳ-11に示した。

　① **暖色・寒色**　　色相については，赤から黄色にかけての色は暖かく感じ，青緑から青紫の色は冷たさや寒さを感じたりすることから寒色という。暖かくも，寒くもない黄緑，緑，紫，赤紫は中性色という。中性色は組み合わせる色

表Ⅳ-11　色の3属性と感情

属性	種別	感じ方	色の例	感情の性質
色相	暖色	暖かさ 積極性 活動性	赤 黄赤 黄	激情・怒り・歓喜・活力的・興奮 喜び・はしゃぎ・活発・元気 快活・明朗・愉快・活動力・元気
	中性色	中庸 平静 平凡	緑 紫	安らぎ・くつろぎ・平静・若々しさ 厳粛・優えん（婉）神秘・不安・やさしさ
	寒色	冷たさ 消極性 沈静性	青緑 青 青紫	安息・涼しさ・ゆううつ 落着き・淋しさ・悲哀・深遠・沈静 神秘・崇高・孤独
明度	明	陽気 明朗	白	純粋・清々しさ
	中	落着き 平静	灰	落ち着き・抑うつ
	暗	陰気 重厚	黒	陰うつ・不安・いかめしさ
彩度	高	新鮮 発らつ	朱	熱烈・激しさ・情熱
	中	くつろぎ 温和	ピンク	愛らしさ・やさしさ
	低	渋み 落着き	茶	落ち着き

（日本色彩学会編：色彩科学ハンドブック　第2版，東京大学出版会, p.381）

によって感じ方が異なる。例えば，黄緑と橙の取り合わせは，橙の暖かい感じに誘導されて暖かく感じる。黄緑と青の取り合わせは，青の冷たい感じに誘導されて冷たく感じる。冬は暖かく感ずるように暖色が多く用いられ，夏は涼しく感ずるように寒色が用いられる。

② **軽重**　色は暖寒の感じ方と同じように重さの感じにも影響を与える。同じ色相でも明度の高い色は軽く感じ，明度の低い色は重く感ずる。色の軽重感は色相や鮮やかさに関係なく主に明度が関係する。例えば，ラグビーのユニフォームなどフォワードの選手の重量感を感じさせるようにえび茶と黒など明度の低い重々しい色が用いられる。

③ **派手・地味感**　派手な感じの色，例えば，鮮やかな赤や鮮やかな黄，明るい青，明るい紫などの配色された洋服は派手な感じになり，灰色や，灰色がかった色は地味になる。派手，地味感には彩度が影響する。派手な色は明るく鮮やかな色であり，地味な感じの色は濁った感じの色である。派手，地味感は暖寒軽重とともに色彩の感情効果の代表的なものといえる。

④ **硬・軟感**　洋服の色として明るいピンクや空色を用いると春をイメージさせ柔らかい感じがする。紺色や焦げ茶を用いると硬い感じになる。硬軟の感情効果は軽・重感と同様に明度が主に関係する。明るい色は柔らかくて軽い感情効果をもち，暗い色は硬くて重い感情効果をもつ。白みが柔らかさ軽さにきき，黒みが多くなると硬く，重く感ずる。

⑤ **明暗感**　言葉で表す明るい，暗いがそのまま色の属性に結びつく感情効果である。明暗という言葉のとおり主に明度が関係する。明るく感ずる色は明度が高く，暗さを感じさせる色は明度が低い。

⑥ **強弱感**　色の強さ，弱さを表すのは彩度の影響が大で，一般に彩度の高い色は強く感じ，彩度が低い色は弱く感じる。ただ，明度も補助的働きをして，例えば，色の濃淡では濃い色は強さを感じさせ，淡い色は反対に弱い感じがする。濃い色は彩度が高く，明度がやや低い色である。淡い色は彩度は低く明度が高い。強い弱いといった感情効果は彩度の高低が主に関係し，明度の高低も補助的働きをしていることがわかる。

(4) 色と安全

色彩と安全の関係は深く，瞬時に判断を下すことのできる情報の中で音，色があげられる。危ないと判断したとき警告音を発するのは大変有効である。しかし，音の情報は四六時中発せられたらうるさい。そこで信号，標識などに色がよく用いられている。JISの安全色彩には色の用い方，配色の仕方がそれぞれ決められている。色の目立ち方を環境の明るさの変化で捉えて交通安全服を提案した例と再帰反射素材を夜間の安全に応用する例を紹介する。

1）色の目立ちと交通安全

交通安全に色の効果が果たす役割は大きい。子どもを通学時における交通事故から守るために洋服の色について実験し検討した結果を以下にあげる。

交通安全には目立つ色が必要である。目立つ色を着せることにより交通事故をなくすことを考え，照度の項（p.116）において述べたように色の目立ちは，明るい昼と夜とでは同じ色でも異なる。そこで，1日中目立つために昼目立つ色と夜目立つ色の2色を配色することにより得られると考え，夜目立つ色を子どもの衣服のシルエットを表す面積の大きい基布の色として用い，ポケットや衿に昼目立つ色を用いてアクセントをつけるという使い方による効果を検討した。この考え方でデザインしたものが図Ⅳ－43の安全服である。

子ども服は素材，デザインは生活を考えて取り扱いやすいものであることも大切である。目立つ色を照度で表すと図Ⅳ－44のようになる。1,000 lx の明るいとき最も目立った8Rは照度レベルの低下とともに目立ちは低下し0.01 lx で

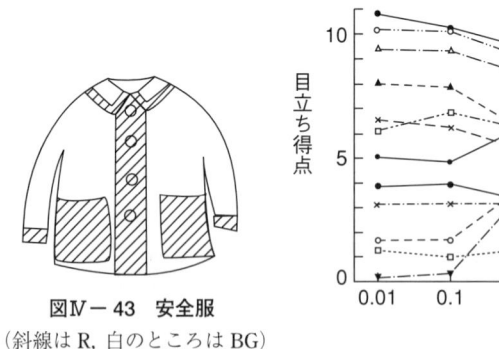

図Ⅳ－43　安全服
（斜線はR，白のところはBG）

図Ⅳ－44　色の目立ちの照度による変化

（両図とも，芦澤昌子・池田光男，繊維製品消費科学誌，29巻9号，p.376，1988）

は最も目立たない色に変化する。一方 8BG は明るいときは目立たないが 10 lx くらいから目立ち始め，暗い 0.01 lx で最も目立つ色となる。これは暗くなると，われわれの目の視細胞が交替することにより色の見え方が変わるためである。

2）夜間に見える素材

　安全を意識してつくられたものに再帰反射素材がある。これは光を受けると光の来た方向に光を返すことから再帰反射素材という。夜間の交通安全を考えるとドライバーに見えることが大切で車のヘッドライトを受けて，身につけている反射材が光って人の存在を認識する。いままでに，自転車の再帰反射板のように製造者がつけるものは普及している。

　しかし，衣服へはデザインの問題や洗濯方法に問題があることなどから反射材のついた衣服は少なく，その普及率はまだ低いが，衣服にはワッペンのかたちでついていたり，ウインドブレーカーなどの運動着につけられている。また，ジョギングする人の運動靴やリュックについている場合が見られる。1998 年の冬に行った調査では再帰反射材の有効性を知っている若年は 61.4％，中年 64.7％，高齢者 68.4％で年齢が高くなるほど割合は高い。しかし，実際に反射材を帽子や衣服などにつけている割合は非常に低く，若年 1％，中年 1.4％，高齢者 3.6％であった。

　このように高齢者の利用者が多いのは，横断歩道を歩くのに時間がかかることを認識していたり，難聴で車の近づいてくる音がよく聞こえないということを意識して運転者に自分の存在を認識させたいとの思いからであろう。暗い道や交通量の多いところではこのような反射材は，人の交通安全上衣服や身につけるものに利用していくことが必要と考える。手に入りやすければもっと利用しやすくなる。

　図Ⅳ－45 は ABC のように衣服の明度の違いによって運転者に見える距離が違うことを示している。夜間，車のヘッドライトを下向きにした状態で歩行者の見える距離は，着ている衣服の色の明度によって 25～40m とされている。一方，車が歩行者を発見して止まれるまでの距離は，例えば，時速 60km で走ったとき 44m であるので，この距離では歩行者に気がついても間に合わない。反射材は最低でも 57m の距離から見え，車のヘッドライトを正面にすると 100m の先から見えるので有効である。

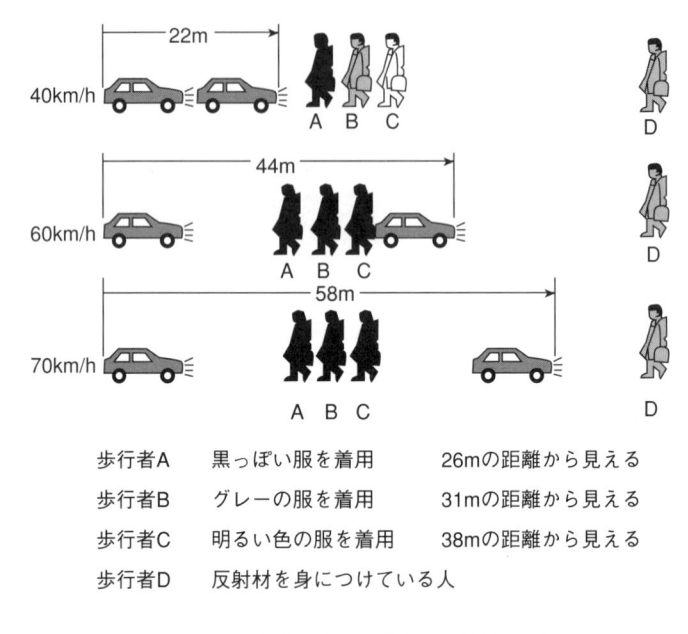

歩行者A	黒っぽい服を着用	26mの距離から見える
歩行者B	グレーの服を着用	31mの距離から見える
歩行者C	明るい色の服を着用	38mの距離から見える
歩行者D	反射材を身につけている人	

図Ⅳ-45　夜間の衣服の明度と反射材の見え
（全国反射材普及促進協議会）

(5) 流行色

　流行色とは，その時代の社会現象・経済状態・生活環境などを反映してはやった色，はやる色をいう。そして，その時代の人々に採用された色で，変化していくものである。変化のスピードも短時間で終わったり，一定期間持続したり様々である。流行は人々がその時代の雰囲気を色に託して，感性的に選択し，多くの人々に共感されて採用された色である。流行色というと衣服・服飾の色がまず頭に浮かぶが，これは同じ色を身につけ続けることに飽きること，新鮮な色に変えたいといった思いが生じ，さらに時代の流れに取り残されたくないといった理由で流行という現象が生じるのである。
　注文製作，自家製作の時代には作り手，売り手，買い手，使い手が連動していたので見込みの予測をしなくてもよかった。しかし現代の大量生産，大量販

7. 衣生活と色彩　123

売の時代となると販売を見込んで企画，生産，販売計画をたてなければならなくなり，その中の色彩計画で流行する色の予測が必要になる。特に作り手側，売り手側にとっては，色，形，素材のファッション三要素の中の一つの流行するであろう色の予測は大切である。

　予測のためには過去・現在の動向を分析し，将来の予測をすることとなる。そして，上手に予測できた企業は利益も上がりよい結果となるが，予想を失敗した場合，企業は苦しい状態となる。すなわち現代は大量生産時代であるから，予測を読み違えた場合は，企業は売れ残った大量の在庫を抱え大変な赤字になる。

　企業の中から流行色をみんなで共同して研究しようということで，昭和28年日本流行色協会（Japan Fashion Color Association）が創設され，昭和33年に通産省の認可を受け，公益的立場で流行色の啓蒙活動をしている。また，日本流行色協会・ジャフカ（JAFCA）の活動は，国内の市場動向分析のために，海外情報機関のインターカラー（国際流行色協会，加盟国19ヵ国）ともジョイントしている。

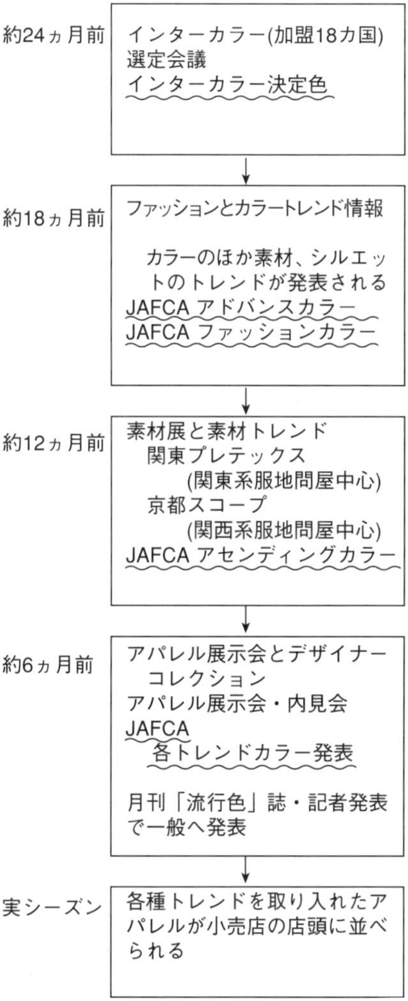

約24ヵ月前	インターカラー(加盟18カ国)選定会議 インターカラー決定色
約18ヵ月前	ファッションとカラートレンド情報 カラーのほか素材、シルエットのトレンドが発表される JAFCA アドバンスカラー JAFCA ファッションカラー
約12ヵ月前	素材展と素材トレンド 　関東プレテックス 　　(関東系服地問屋中心) 　京都スコープ 　　(関西系服地問屋中心) JAFCA アセンディングカラー
約6ヵ月前	アパレル展示会とデザイナーコレクション アパレル展示会・内見会 JAFCA 　各トレンドカラー発表 月刊「流行色」誌・記者発表で一般へ発表
実シーズン	各種トレンドを取り入れたアパレルが小売店の店頭に並べられる

図Ⅳ-46　アパレルメーカーの色彩計画

　図Ⅳ−46に先のシーズンに向けたアパレルと流行色の流れを示した。アパレ

ル業界は，シーズンの半年前には展示会を行い，小売店に買いつけを促すものであるから，その半年前にはアパレル業界が，テキスタイル業界から原料を買い上げるという行程がある。したがって，企業に売れ残りを残さぬ企業側の行動も考えると24ヵ月前に流行色が必要になる。そこで，日本流行色協会は流行の予測を24ヵ月前に国際流行色協会（仏に本部，インターカラー）と協議し決定して，「流行を予測した色」として発表している。アパレル業界はその発表により，いっせいに準備に入り，シーズンが始まる前に各種の服が流行色をそろえて売り出される。

■引用・参考文献

1) 三浦豊彦他：衣服と住まいの健康学，大修館書店，1984，p.85
2) 石井照子：家政誌，第50巻8号，1999，pp.89～93
3) 黒田浩平他：靴の医学，3，1989，pp.129～130
4) 総務庁：社会生活基本調査報告，1998
・芦澤昌子ほか：繊維製品消費科学誌，第29巻9号，1988，p.376
・芦澤昌子ほか：照明学会誌，第67巻10号，1983，p.503，第71巻10号，1987，p.612
・芦澤昌子ほか：日本色彩学会誌，第18巻3号，1995，p.199
・日本睡眠学会：第4回睡眠科学・医療専門研修センター，1999
・山田道廣：褥そうの予防－特に生体に関わる圧迫の影響について－，理学療法と作業療法，Vol.11(1)，1977
・鈴木栄子・大串靖子：体圧に関連する寝具条件の検討，日本看護研究会雑誌，Vol.12(3)，1989
・色彩科学ハンドブック（第2版），東京大学出版会，1998
・カラーコーディネーター検定（3），東京商工会議所，1996

第Ⅴ章 被服の管理

　被服は着用することにより必ず汚れ，そのままでは被服の消費性能や衛生面で問題を生じ，素材をも損傷する。被服の管理とは洗濯，手入れ，保管などを通し，被服をきれいに整え，収納し，次の着用の準備を行う行為である。

　被服を繰り返し無駄なく着用することは，経済面，環境面，そして，繊維素材の少ない日本の立場からも大切なことと考えられるが，被服管理は衣生活の中でも，かなりの労力や時間を必要とする行為である。さらに，最近は被服素材が複雑になり，洗濯機などの家電品や洗剤なども高度化，多様化するなど，被服管理を取り巻く環境が変化している。そのため，被服を傷めず，時間や労力の無駄を少なくして，合理的な被服管理を行うには正しい知識や新しい情報，取り扱い方を知ることが重要となる。

1. 被服の汚れ

　汚れは被服の美観を損なうばかりではなく，繊維の性能や色を変化させ，表Ⅴ－1のように布地の吸水性や通気性などの消費性能を低下させる。また，細菌が増殖して異臭を発するなど，皮膚の衛生面にも影響を与える。

表Ⅴ－1　被服素材の汚染による性能変化

試料		含気率 (%)	通気度 ($ml/cm^2/s$)	吸水高さ (cm)
綿	原布	64.2	15.44	5.71
	汚染布	61.9	8.69	3.61
レーヨン	原布	72.3	116.59	3.64
	汚染布	68.9	78.45	2.23
羊毛	原布	70.7	102.55	0.12
	汚染布	69.9	64.78	0.70
ナイロン	原布	48.1	4.47	1.18
	汚染布	44.5	3.23	1.05

(中橋美智子：家政学会誌,18,24(1967)より改変)

(1) 汚れのつき方

布に付着した汚れは電子顕微鏡により拡大すると、図V-1のように汚れが繊維の表面だけではなく繊維間の微細な内部や、綿繊維の内部にまで入り込んでいるのが観察される。これらの汚れのつき方は様々であるが、図V-2のように、おおよそ四つのケースに分類することができる。

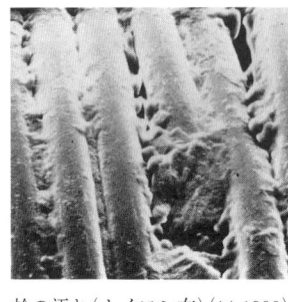

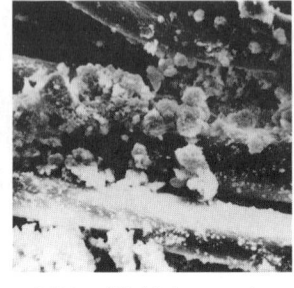

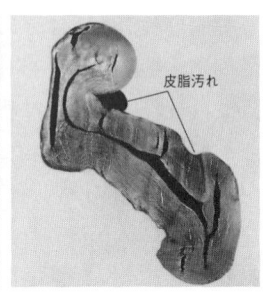

衿の汚れ(ナイロン布)(×1000)　　泥汚れ(綿布)(×2000)　　単繊維断面(綿)(×4500)

図V-1　繊維に付着した汚れの電子顕微鏡写真
(ライオン(株)家庭科学研究所:生活科学シリーズ2,衣類の清潔,p.10,1999)

○機械的付着　　○分子間引力による付着　○静電気力による付着　○化学結合による付着

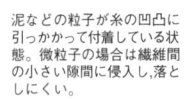

| 泥などの粒子が糸の凹凸に引っかかって付着している状態。微粒子の場合は繊維間の小さい隙間に侵入し、落としにくい。 | 繊維と汚れ粒子との分子間引力による付着。合成繊維に油性汚れが付着する場合にも分子間引力が働いている。 | 繊維と汚れが+と-の静電気で引きつけられている。化学繊維衣料の裾の黒ずみ現象などを起こす。 | 色素染着に見られるように繊維分子の官能基と汚れとが化学的結合している。漂白剤を用いて分解しなくてはならない。 |

図V-2　布地への汚れの付着状態
(ライオン(株)家庭科学研究所:生活科学シリーズ2,1999,p.9より作図)

(2) 汚れの成分と割合

汚れは多種多様で、多くの成分が混合している。大別すると人体から分泌された汚れと生活環境など外界からの汚れがある。

人体から分泌される汚れは主に皮脂と汗、剥離した表皮角質細胞である。皮

脂の分泌量は男性のほうが多く,男女とも思春期に増加するなど,性別,年齢,体の部位により成分に差がある。また,冬は皮脂成分のグリセリドが多く,夏は含窒素化合物が多い傾向にある。

外界からの汚れは自然環境や生活の汚れなど多岐にわたる。例えば,空気中の鉱物質やスス,食品の砂糖,塩などの水溶性汚れ,卵,肉汁などのたんぱく質系の汚れ,油脂類の汚れ,色素,また,化粧品類の油脂汚れなどがある。

汚れの割合を衿汚れを例にみると図V－3に示すように,皮脂からの脂質汚れが多く,70〜80％を占めている。

目に見える汚れの他に,皮膚には常に細菌が生存しているため,図V－4に示した靴下のように着用時間とともに細菌数が増加して,不快な臭いやかゆみの原因となる。そのためにも,汚れは早期に除去することが重要である。

洗浄性に基づいて汚れを分類すると,表V－2に示すように三つに分類される。

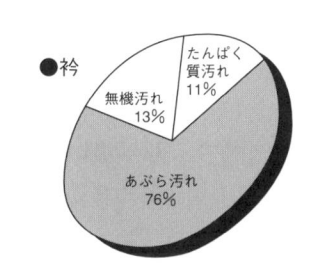

図V－3 被服に付着した汚れの割合
(ライオン(株)家庭科学研究所:クリーン百科,1999, P.4)

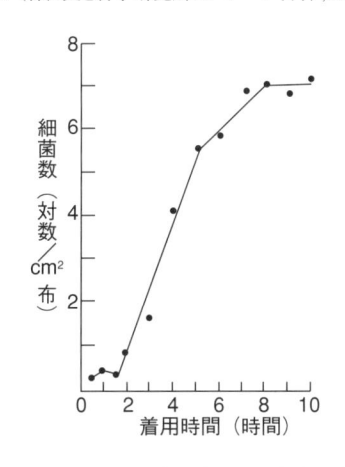

図V－4 靴下の着用時間と細菌数の変化
(皆川:繊維製品消費科学, 17, 256, 1976)

表V－2 被服の汚れの分類

汚れの性質		種　類	特　徴
水溶性または分散性の汚れ		砂糖,果汁,食塩,でんぷん,血液,卵,汗,尿など	水に溶解または分散する。洗剤の浸透作用で除去しやすくなる。でんぷんは放置すると固化し,たんぱく質系の血液や卵などは熱や湿度,紫外線,経時により変質して不溶性となり除去しにくくなる。早めの処置が大切。
水不溶性	油溶性汚れ	皮脂,機械油,化粧油,食品油など	洗剤の乳化作用や有機溶剤の溶解作用により除去される。皮脂などは繊維の内部にまで入り込み,黄変の原因となる。
	固体汚れ	泥,粘土,ススなど	水にも有機溶剤にも不溶である。洗濯機などの機械力や洗剤の分散力で除去する。

2. 日常の手入れ

被服は繰り返し使用するものである。洗濯やアイロンがけ，保管などの日常の手入れは被服の性能を損なわず美しくリユースするための手段であり，合理的に手入れを行うことが大切である。

（1）被服に関する取り扱い絵表示

被服には日常の手入れの目安となるよう家庭用品品質表示法に基づいた取り扱い絵表示がつけられている。図Ⅴ－5のようにマークにより示されているので，表示を確認し，その意味を理解して手入れを行うことが必要である。

なお個人輸入品やおみやげなどの海外衣料の取り扱いの参考とするためヨーロッパで採用されているISO表示とアメリカの表示を付録4に示しておく。

記号	記号の意味	記号	記号の意味	記号	記号の意味	記号	記号の意味
(1)洗い方(水洗い)		(2)塩素漂白の可否		(4)ドライクリーニング		(6)干し方	
95	液温は，95℃を限度とし洗たくができる。	エンソサラシ	塩素系漂白剤による漂白ができる。	ドライ	ドライクリーニングができる。溶剤は，パークロルエチレン，又は石油系のものを使用する。	(つり干しマーク)	つり干しがよい。
60	液温は，60℃を限度とし，洗たく機による洗たくができる。	エンソサラシ（×）	塩素系漂白剤による漂白はできない。	ドライ セキユ系	ドライクリーニングができる。溶剤は，石油系のものを使用する。	(日陰つり干しマーク)	日陰のつり干しがよい。
40	液温は，40℃を限度とし，洗たく機による洗たくができる。			ドライ（×）	ドライクリーニングはできない。	平	平干しがよい。
弱40	液温は，40℃を限度とし，洗たく機の弱水流又は弱い手洗いがよい。	(3)アイロンの掛け方				日陰平	日陰の平干しがよい。
弱30	液温は，30℃を限度とし，洗たく機の弱水流又は弱い手洗いがよい。	高	アイロンは210℃を限度とし，高い温度(180℃から210℃まで)で掛けるのがよい。	(5)絞り方		●付記例	
手洗い30	液温は，30℃を限度とし，弱い手洗いがよい。(洗たく機は使用できない。)	中	アイロンは160℃を限度とし，中程度の温度(140℃から160℃まで)で掛けるのがよい。	ヨワク	手絞りの場合は弱く，遠心脱水の場合は，短時間で絞るのがよい。	弱30中性	「中性」の表示があるときは，中性洗剤を使用する。
水洗×マーク	水洗いはできない。	低	アイロンは120℃を限度とし，低い温度(80℃から120℃まで)で掛けるのがよい。	絞る×マーク	絞ってはいけない。	あて布アイロン	「～～」の表示があるときは，あて布をする。
		アイロン×マーク	アイロン掛けは，できない。			ネット40	「ネット使用」の表示があるときは，洗たくネットを使用する。

図Ⅴ－5　繊維製品の取り扱い絵表示(JIS L-0217)

（2）家庭洗濯

家庭洗濯は，「水」「洗剤」「機械力」の3要素によって汚れを落とす方法であり，合理的な洗濯を行うには被服に適した洗剤，洗い方，水温などを設定する必要がある。

1）洗濯用洗剤

洗剤を用いると水洗いだけでは落ちない汚れを楽に落とすことができるが，これは界面活性剤の働きによるものである。洗濯用洗剤はこの界面活性剤を主成分とし，他に洗浄補助剤や性能向上剤などを配合して，これらの相乗効果により汚れを落としている。

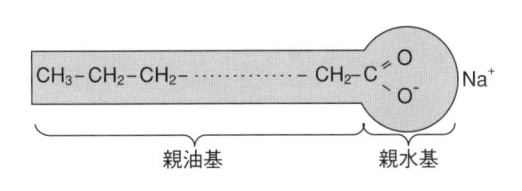

$CH_3-CH_2-CH_2-\cdots\cdots-CH_2-C\begin{matrix}O\\O^-\end{matrix}$ Na^+

親油基　　　　　親水基

図Ⅴ-6　界面活性剤の構造(せっけん)

① **界面活性剤**　界面とは，気体と液体，気体と固体，あるいは液体と固体などの境界面や，相互に溶け合わない水や油などの液体と液体や固体と固体の境界面をいう。この界面に作用して，その境界面の性質を変える働きがある物質を「界面活性剤」という。界面活性剤の分子構造の特長は図Ⅴ-6のように，その分子中に親水性の部分(親水基)と親油性の部分(親油基または疎水基)の相反する二つの部分をもっていることである。

界面活性剤は表Ⅴ-3のように水溶液中での親水基の電気的性質によって四つに分類される。

界面活性剤の水溶液は分子構造の特異性により他の物質とは異なるいろいろな性質を示すが，洗浄に関する主な作用では，図Ⅴ-7に示すように「浸透作用」「乳化作用」「分散作用」「再付着防止作用」などがある。これらの作用が総合して図Ⅴ-8のようなプロセスで洗浄力を発現する。

表Ⅴ-3　代表的な界面活性剤

分類	特徴	主な種類	用途例
陰イオン界面活性剤(アニオン)	水溶液中で親水基がマイナスの電荷をもち、洗浄力がある。	高級脂肪酸塩(石けん)	化粧石けん,洗濯用石けん,身体洗浄料
		アルファスルホ脂肪酸エステル塩(α-SF)	洗濯用洗剤
		直鎖アルキルベンゼンスルホン酸塩(LAS)	洗濯用洗剤,台所用洗剤,住宅・家具用洗剤
		アルキル硫酸エステル塩(AS)	洗濯用洗剤,歯磨き剤
陽イオン界面活性剤(カチオン)	水溶液中で親水基がプラスの電荷をもち、一般的に洗浄力はない。	ジアルキルジメチルアンモニウム塩	柔軟仕上げ剤,帯電防止剤,リンス
非イオン界面活性剤(ノニオン)	水溶液中で電荷は帯びない。	ポリオキシエチレンアルキルエーテル(AE)	洗濯用洗剤,住宅・家具用洗剤
		アルキルジメチルアミンオキシド(AO)	台所用洗剤
両性界面活性剤	水溶液がアルカリ性のときは通常、親水基はマイナスを,酸性のときはプラスの電荷をもつ。	アルキルベタイン	シャンプー

(ライオン(株)家庭科学研究所:生活科学シリーズ1　清潔と洗浄の基礎,1998, p.11 より加工)

浸透作用

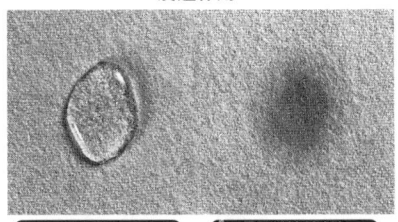

汚れを落とすには布がぬれ，水が汚れにまで浸透する必要がある。溶液中の界面活性剤は水の表面に吸着配向し，表面張力を低下させて，水を汚れや布の隙間に浸透しやすくする。

乳化作用

水と油は混ざり合わないが，界面活性剤が水と油の界面に配向して界面張力を下げ，機械力により細かな粒子状となり，水と混ざり合った状態にする。

分散作用

ススのような固体も水と混ざり合わないが，界面活性剤が固体粒子の表面に吸着してぬれやすくし，小粒子に細分化した状態で布から離して水中に分散させる。

再付着防止作用

界面活性剤は一度溶液中に洗い流された油やススを包み込んで界面活性剤溶液中に安定な状態で存在させることにより，布に汚れが再付着することを防ぐ。

図V-7　界面活性剤の働き
（ライオン㈱家庭科学研究所：クリーン百科, 1999, p.3）

① 界面活性剤は親油基を汚れの表面に向けて集める。

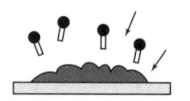

② 界面活性剤が汚れと繊維の間に入り込む。（浸透作用）

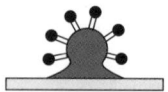

③ 汚れを少しずつ水中に取り出す。（乳化・分散作用）

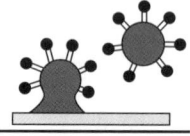

④ 界面活性剤が汚れを包んで、再び繊維に付着させない。（再付着防止作用）

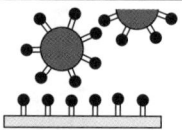

⑤ すすぐと、汚れは界面活性剤とともに洗い流される。

図Ⅴ-8　汚れを落とすプロセス
（ライオン(株)家庭科学研究所：クリーン百科，1999, p.3）

　なお、界面活性剤はある一定濃度以上で水に溶解させるとミセルと呼ばれる分子の集合体を形成し、諸性質はその点で急激な変化を起こす（図Ⅴ-9）。この濃度を臨界ミセル濃度(cmc)といい、一般に洗剤はこの臨界ミセル濃度以上で効果的な洗浄力を発揮する。

　界面活性剤の原料は、動植物油脂や石油である。石けんや α-SF は、動

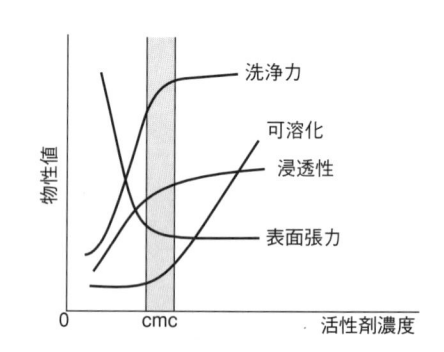

図Ⅴ-9　界面活性剤水溶液の諸性質と濃度との関係
（中西茂子：洗剤と洗浄剤の科学，コロナ社，1995, p.36）

植物油脂からつくられるが，ASやAEのようにどちらの原料からもつくられるものもある。

　② **洗浄補助剤(ビルダー)と性能向上剤**　　洗浄補助剤(ビルダー)とはそれ自身は界面活性作用を示さないが界面活性剤の働きを助けて洗浄力を増強する機能をもつ添加剤をいい，代表的なものとして水の硬度を下げて，界面活性剤の多価金属塩がつくられるを防ぎ，洗浄力低下を防止するアルミノけい酸ナトリウムなどの水軟化剤や，水不溶性の金属塩の金属イオンを取り込んで水溶性にするEDTAなどの金属封鎖剤，人体から分泌された遊離脂肪酸を中和し石けんに変えて洗浄力を維持する働きがある炭酸ナトリウムなどのアルカリ剤などがある。

　性能向上剤は仕上がり効果を高めたり，泡をコントロールするなどして商品価値を向上させる働きがあり，酵素や蛍光増白剤，漂白剤，増泡剤，抑泡剤などがある。

　酵素は界面活性剤では落としにくい汚れを分解して落としやすくする働きがあり，凝固して他の汚れと繊維とを結びつけるたんぱく質汚れを分解するたんぱく質分解酵素や，繊維の奥にしみ込んだ皮脂などの脂汚れを分解する脂質分解酵素や，繊維素分解酵素などが用いられている。

　蛍光増白剤は紫外線を吸収して青紫から青緑光を反射する直接系染料の一種で，布に染着することにより，綿繊維などの黄色味をおびた白をより白く見せる効果がある。反物の製造過程ですでに染着されているが，着用や洗濯で脱落するため，それを補う意味で洗剤に配合されており，色素を分解する漂白剤とは異なる。

　③ **洗濯用洗剤の分類**　　洗濯用洗剤を分類すると表Ｖ－4になる。汚れの落ちにくい綿や麻などのセルロース繊維や合成繊維には弱アルカリ性の洗剤を用い，アルカリ成分の影響を受けやすい毛や絹などのたんぱく質系の繊維には中性洗剤を用いるなど，繊維の性質によって洗剤を使い分ける必要がある。また，パステルカラーや生成衣料は蛍光増白剤の染着で変色しやすいため，蛍光剤無配合の洗剤を用いるなど色合いによっても使い分けることが必要である。

表V－4　洗濯用洗剤の分類

	合成洗剤		石けん
	界面活性剤のうち純石けん分70％未満、その他の界面活性剤30％以上		界面活性剤のうち純石けん分100％
用　途	綿・麻・合成繊維用	毛・絹・デリケート衣料用	綿・麻・合成繊維用
液　性	弱アルカリ性	中性	弱アルカリ性
形　状	粉末	液体	粉末 ｜ 固体
主な界面活性剤	LAS, α－SF, AOS, AS, AES など		脂肪酸塩
蛍光増白剤の有無	あり ｜ なし ｜ あり		なし
酵素の有無	あり		なし

＊合成洗剤と石けんの中間に「複合石けん」があり、純石けん分70％以上、その他の界面活性剤30％未満のものをいう。液体洗剤やズック洗い用の棒石けんなどがある。

洗剤を使用する際は洗剤の容器に表示されている家庭用品品質表示法に基づく表示を確認し、用途や使用量を参考にするとよい。

2）洗濯機

洗濯機は生活習慣や水質、国民性、住宅事情などから世界各国で異なった方式の洗濯機が使用されており、大別すると渦巻き式、攪拌式、ドラム式の三つになる。日本では渦巻き式が主流である。

日本の洗濯機は合成洗剤の誕生、普及とあいまって生産量が増加し、普及率

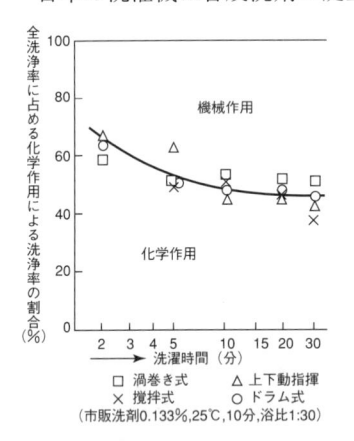

図V－10　機械作用と洗剤の化学作用
　　（角田ら：油化学,19,935(1970)）

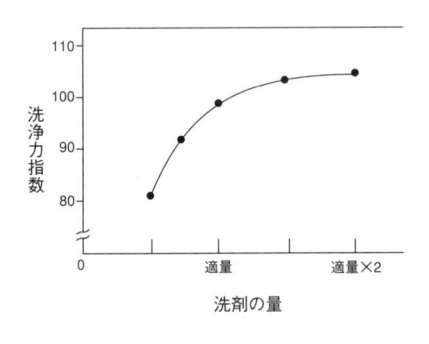

図V－11　洗剤使用量と洗浄力
（ライオン(株)家庭科学研究所：生活科学シリーズ2 衣料の清潔,1999, p.24）

はほぼ100％である。1966年の全自動洗濯機の販売後は各種センサーの導入や，新水流型洗濯機の開発，さらに，毛布などを洗う大物洗いコースや，手洗いやドライマーク衣料にも対応するドライマークコースなどが付加されるなど，大型化し，洗濯コースも多様化している。近年では洗濯物の量に対し使用水量の少ない節水型や静音型が普及しており，全自動洗濯機の保有率は80％近くに及んでいる。

洗濯は主に洗濯機の機械作用と洗剤の物理化学作用により行われるが，図V－10に示すように家庭用電気洗濯機と洗剤の両者がほぼ50％ずつ寄与して汚れを落としている。機械力が強いと，被服の損傷を早めるため，洗浄効果を高め短時間に洗浄の目的を達成させるには洗剤の作用とバランスの取れた機械力が必要となる。

3）洗濯水

洗濯には硬度の低い水が適している。硬度とは水に溶け込んでいるカルシウムやマグネシウムなどの硬度成分の多価金属塩量を指す。硬度は水100g中の酸化カルシウムのmgで表され，単位は$°DH$で示す(ドイツ硬度)が，日本では概して$5°DH$以下の軟水が多く，$10°DH$を超えることはまれである。しかし，被服の汚れには硬度成分が含まれているため，洗濯液中の硬度が上がり，洗剤の働きを低下させる原因となる。特に石けんを使用した場合，水中の硬度成分と反応して水に不溶性の金属石けんをつくり洗浄性に影響を与え，さらに被服に付着して黄ばみ，異臭の原因となる。そのため，石けんを使用した場合はすすぎを十分に行う必要がある。

4）洗濯の諸条件

洗浄力は洗剤の濃度，水温，洗濯時間，浴比など諸条件によって差が生じる。水や洗剤の無駄を防ぐためにも適切な条件を知る必要がある。

① **洗剤の使用濃度**　一般的に洗剤濃度が増加するにつれて洗浄力は高くなるが，ある一定濃度に達するとそれ以上濃度を高くしても図V－11のように洗浄力はほとんど変化しない。必要以上に洗剤を使用しても，すすぎの水や電気の無駄使いになるため，経済性や環境負荷を考え，洗剤パッケージの使用量の目安を参考に必要以上に使いすぎないことが重要である。ただし，使用量が少ないと洗浄力は急激に低下し，汚れが落ちないばかりか，一度落ちた汚れが

再付着しやすくなる。適切な洗剤量は，洗濯機の容量や洗濯物の量，使用水量によって決まるため，それらを把握して，洗剤を計量しなければならない。

② **洗濯温度** 一般に図V－12に示すように，洗濯温度が高くなるほど洗浄力は上がる。その傾向は酵素配合洗剤で更に顕著であるが，これは酵素の働

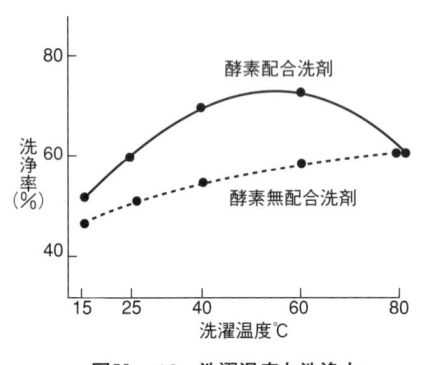

図V－12 洗濯温度と洗浄力
(ライオン(株)家庭科学研究所：生活科学シリーズ2 衣料の清潔, 1999, p.25)

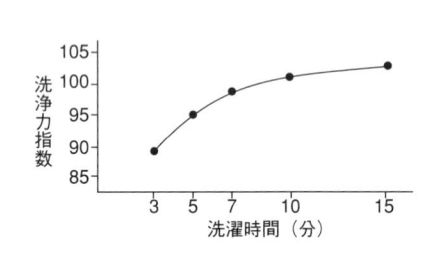

図V－13 洗濯時間と洗浄力
(ライオン(株)家庭科学研究所：生活科学シリーズ2 衣料の清潔, 1999, p.27)

きが活発になるためである。しかし，60℃以上の高温では酵素が失活したり，親油性の合成繊維のポリエステルなどは油汚れを吸着して再汚染の傾向が激しくなるため，40℃くらいのぬるま湯を使用することが望ましい。

なお，毛繊維では温度が高いと収縮しやすいため，ほとんどの毛製品は洗浄力を考慮して30℃が限度とされている。洗濯温度は，洗浄力からのみではなく繊維の性質によっても配慮する必要がある。

③ **洗濯時間** 洗濯時間による洗浄効果は繊維の種類や汚れの程度により異なるが，図V－13のように，二槽式洗濯機で7～10分くらいが適当で，10分以上洗濯しても布を傷める恐れがあり，効果はあまり変わらない。なお，全自動洗濯機は二槽式洗濯機の機械力を基準に洗濯時間が考慮されており，洗濯物の量や汚れなどを感知しながら，自動的に設定される仕組みのものが多くなっている。

④ **洗濯物の量** 洗濯物の量が多すぎると洗濯機の回りが悪く洗濯物の上下の動きが妨げられ汚れ落ちのむらが大きくなる。洗濯物の重量と水量の比を

浴比といい，例えば，1kg の洗濯物を 30 ℓ の水で洗う場合に 1:30 というように表示する。図Ⅴ-14 のように，浴比がある程度大きくないと汚れ落ちは低下する。最近の洗濯機では節水のため浴比が小さくなる傾向にあるが，洗濯機に入れる洗濯物の量は洗濯機の中で上下左右にスムーズに回る程度を目安にするとよい。

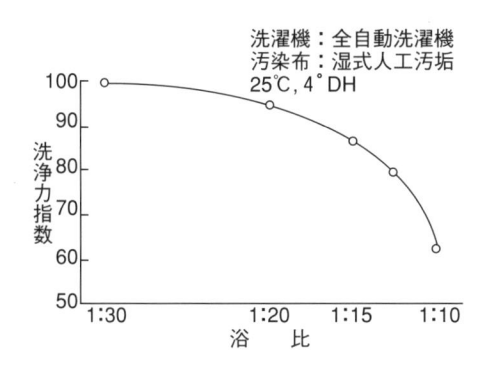

図Ⅴ-14　浴比と洗浄力
(ライオン(株)家庭科学研究所:生活科学シリーズ 2 衣料の清潔, 1999, p.27)

5) 洗い方

① **各種洗濯方法**　繊維や被服の種類によって洗濯機の水流や手洗い方法など洗い方を変えなければならない。洗濯方法は肌着などを洗う標準洗濯，おしゃれ着などを洗うデリケート衣料洗濯，一部の水洗い不可衣料を洗うドライマーク衣料洗濯に分けられる (表Ⅴ-5)。

表V－5　家庭での洗濯方法

	対応衣料	洗濯機のコース例	手洗いの例	
標準洗濯	肌着や普段着など丈夫な衣料	標準コース 大物洗いコースなど	もみ洗い	両手で布を揉む強い機械力がかかる洗い方
			足踏み洗い	浴槽などを利用して足踏みして洗う方法。アクリル毛布やこたつ敷きなど大物衣料に向く。
			ブラシ洗い	洗濯ブラシの摩擦で部分的なひどい汚れを落とす方法。綿製品の衿・袖口や靴下など丈夫な布に向いている。
デリケート衣料洗濯	水洗い可のマークがついているおしゃれ着などの衣料	手洗いコース ソフトコースなど	押し洗い	両手で押しつけては軽く持ち上げ、洗剤液を衣類の中を通すように洗う優しい洗い方。毛製品などもみ洗いのできない素材に向く。
			振り洗い	中心部を軽くつかんで、洗剤液の中で前後左右に振る洗い方。薄手のブラウスやシワになりやすい絹やアセテートなどに向く。
			アコーディオン洗い	両手で衣料の両端をつかみアコーディオンを弾くように閉じたり開いたりして洗う方法。毛やニット製品には向かない。薄手のブラウス、スカーフなどに適している。
			つかみ洗い	手のひらの中でつかんだりはなしたりを繰り返す洗い方。衿や袖口など部分的にしっかり洗う時に向く。
ドライマーク衣料洗濯	水洗い不可のマークがついている衣料で、一定の条件を満たした衣料*	ドライマークコースなど	つけ込み洗い 15分 水の中では動かさない！	中性洗剤液に15分間つけ込んだまま、押し洗いなどの機械力を加えない洗い方。汚れている部分は洗う前に洗剤を塗布するなどの処理が必要。

> **「水洗い不可」衣料を家庭で洗うときのチェックポイント**
>
> ✕ の絵表示の付いている衣料を洗うときは必ず素材と色落ちの確認が必要である。
>
> **1. 素材の確認**　主素材，副素材，装飾品の確認をして次のようなものは洗えない。
> ① 芯地を多く使った型くずれしやすい衣料やアイロンがけがしにくい衣料
> ●スーツ，ジャケット類，コート，ネクタイなど
> ② 縮んだり，表面変化を起こす恐れのある衣料
> ●絹，レーヨン，キュプラ，アセテート及びこれらの混紡品。(裏地に使用されている場合も不可)
> ●ジョーゼット，ちりめん，クレープなど強く撚りをかけた糸を使用したもの
> ●毛皮・皮革製品(肘あてなど部分使用やボタンなども含む)
> ●ベルベットやベッチンなど毛倒れしやすいもの，起毛したもの
> ●シワ加工，エンボス加工(凹凸模様)などぬれると加工のとれるもの
> 　(目立たないところに水をたらしてシワや凹凸がとれなければ洗える)
> ●和服
> ③ 色落ちしやすいもの
> ●鮮やかな色の衣料(単色だけでなく柄物なども)　⇒　洗う前に色落ち確認の
> ●外国製の衣料　　　　　　　　　　　　　　　　　　テストを行う
> ●皮革・木製のボタンが使われている衣料
>
> **2. 色落ち確認**　テストは縫い代や脇裾などの目立たないところで行い，下に白い布をあて上から洗濯用中性洗剤の原液を含ませた白い布で押さえる。色が移るものは洗えない。
>
> (ライオン(株)家庭科学研究所，知っ得情報「デリケート衣料の洗濯」より)

なお，最近の被服は高級で複雑な素材のものが多くなり，手入れを行うにはそれらの素材の特徴を捉えておくことが必要となっている。

②　頑固な汚れの前処理　ワイシャツなどの衿や袖，食べ物のしみ汚れなどの部分的な頑固な汚れや，体操着などの全体的なひどい汚れには，洗濯の前に前処理を行うとよい。表V-6に部分的な洗剤の塗布洗いや濃厚な洗剤液への浸け置き洗いの方法を示す。

表V-6　各種洗濯前処理の方法

	塗布洗い			浸け置き洗い
	衿・袖汚れ	泥汚れ	しみ汚れ	全体的な頑固な汚れ
方法	衿・袖の汚れ用塗布洗剤や無蛍光の液体洗剤の原液を塗布後，洗濯する。	泥汚れ用塗布洗剤や固形石けんを塗り，洗濯する。	しみ汚れ用塗布洗剤や液体酸素系漂白剤を塗布後，洗濯する。	通常使用する量の酵素配合洗剤を約40℃，洗濯物がひたる程度の量の湯に溶かして濃厚な洗剤液をつくり，1時間程浸け置きする。その後，水を足してほかの洗濯物も加え，普通に洗濯する。酸素系漂白剤を加えてもよい。濃色衣料は色泣きすることがあるので避ける。
作用	洗剤成分が汚れに素早く浸透し，溶解力や吸着力を増して頑固な汚れを落とす。		漂白剤がしみの色素を分解する。	酵素が垢などのたんぱく質汚れや皮脂汚れを分解する。漂白剤を加えた場合はしみの色素を分解，除菌，除臭を行う

6）すすぎ・脱水

　長時間のすすぎは布を傷め，水道水中の鉄分の影響で布の黄変を生じることがあるため経済的にもなるべく短時間で効率よくすすぐのがよい。二槽式洗濯機の場合は洗濯後軽く脱水を行い，流水すすぎでは3〜5分，ためすすぎでは間に脱水を入れて，3分を2回行えば十分である。全自動洗濯機は一般的にためすすぎを2回行うように設定されている。

　脱水機への詰め込みすぎや長時間の脱水はシワの原因となる。しかし，反対に脱水を行わなければ乾燥しにくいばかりか，染料が色泣きすることがある。二槽式洗濯機の場合，脱水時間は綿や麻で1〜2分，毛は30秒，絹やレーヨン，アセテート，ポリエステルのような合成繊維など，シワになりやすいものは1〜2枚ずつ15秒以内を目安に行うとよい。なお，全自動洗濯機は二槽式洗濯機に比べ，遠心脱水時の回転数が3/4程度となるため，規定のコースを選択した場合，二槽式洗濯機に比べ脱水時間が長めに設定されている。

　脱水後は脱水機の中に放置せず，すぐに取り出して形を整えるとシワや型くずれが少ない。

7）乾　　燥

　乾燥の早さには気温，湿度，風速，洗濯物の表面積，脱水時間などが関係している。図V－15のように気温が高く，風があると乾燥しやすい。

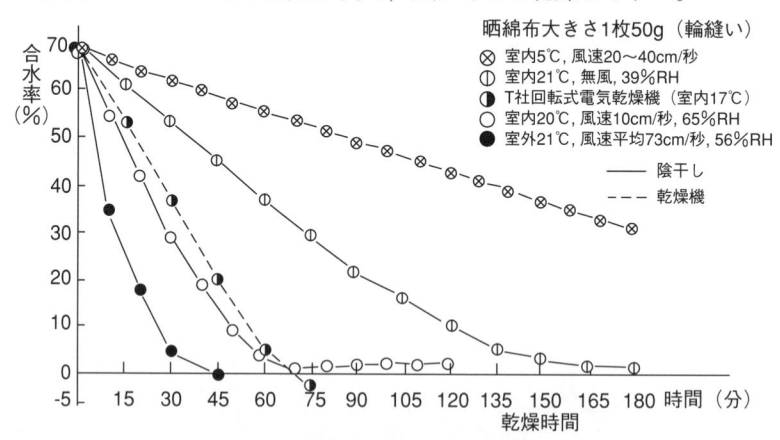

図V－15　布の乾燥条件と含水率の変化
（佐々木：第20回被服整理学夏季セミナー講演要旨集, 1987, p.109）

日光干しは殺菌効果があるが，紫外線により絹・毛・ナイロンの黄変，ポリウレタンの脆化，染色品の変退色，蛍光剤の効果の消失などを生じるので，これらの衣料は日陰干しにするか，裏返しして干すことが望ましい。

乾燥機は天候や季節に影響されない利点があるが，使用する際は以下の点に注意するとよい。

乾燥機を活用するポイント

① よく脱水してから入れる。乾燥時間が短縮し，エネルギーの節約になる。
② 入れる洗濯物の量は表示されている重量の7～8割にする。乾燥むらを防ぎ，効率よく乾燥させる。
③ 乾燥しすぎない。摩擦が大きくなって被服が傷みやすい。
④ 薄地のものは途中から入れる。
⑤ 熱に弱い合成繊維は乾燥したらすぐに取り出す。
⑥ 毛や絹製品には使用しない。収縮や，つやの消失を生じる。
⑦ 糊仕上げしたものは入れない。フィルターが目詰まりすることがある。
⑧ 乾燥機用柔軟剤シートを用いるとよい。静電気を抑え，布がらみを防ぎ，柔らかく仕上げる。

8）仕上げ剤の効果

洗濯効果を補い，洗濯後の被服の仕上がり感を向上させて，より美しく仕上げるものを仕上げ剤といい，漂白剤，柔軟剤，糊剤などがある。

① **漂白剤**　　漂白とは衣料の白度を低下させている汚れの色素を繊維の本質を損なわないように漂白剤の酸化作用や還元作用により分解して回復する方法である。酸化漂白は色素に酸素を作用させて無色に変え，還元漂白は色素から酸素を取り去って無色にする。ただし，還元漂白は分解除去が不十分であるのと，空気中の酸素により酸化され復色することがある。

酸化漂白の例：次亜塩素酸ナトリウム

$$NaOCl \rightarrow NaCl + \underline{O}$$

　　　　　　　　　　　　　　　酸化力の強い酸素。これが色素を酸化する。

還元漂白の例：ハイドロサルファイト

$$Na_2S_2O_4 + 4H_2O = 2NaHSO_4 + 6\underline{H}$$

$\underline{H}$ が色素内の酸素を奪い還元する。

衣料用漂白剤の種類と用途を表Ⅴ-7に示す。使い方を間違えると脱色し，繊維を損傷するので，表地だけではなく付属品も確認して，適切な漂白剤を選び，表示に従って処理時間，濃度，温度などを守ることが重要である。

塩素系漂白剤を毛や絹のたんぱく繊維やナイロン，ポリウレタンのような含窒素繊維および含窒素樹脂を用いた加工布に使用すると，それらの成分に含まれるアミノ基やイミノ基と塩素が結合しクロラミンを形成して黄色化する。また，酸性の洗剤類と併用すると危険な塩素ガスが発生することがあるため，「混ぜるな危険」表示のある酸性タイプの洗剤とは混ぜないように注意すること。

漂白処理後は必ずよくすいでから，乾燥させる。

表Ⅴ-7 衣料用漂白剤の種類と用途

種類と成分	酸化型漂白剤			還元型漂白剤
	塩素系	酸素系	酸素系	
	次亜塩素酸ナトリウム	過炭酸ナトリウム	過酸化水素	ハイドロサルファイト
	アルカリ性	弱アルカリ性	弱酸性	中性
特徴	漂白力が強く，除菌除臭効果が高い。白物専用。	色柄物の布にも使える。	色柄物や水洗いに可の毛，絹にも使える。原液を塗布できる。	白物専用。
使用できない衣料	色柄物衣料，毛，絹，ナイロン，ポリウレタン，アセテート，一部の樹脂加工品。	毛，絹とこれらの混紡品，一部の含金属染料で染めた衣料。	含金属染料で染めた衣料。	色柄物の衣料。
使用水温・処理時間	水・30分程度。	水または40℃以下のぬるま湯・30分～2時間。	①原液を塗布し，すぐに洗剤液で洗濯 ②塗布後水または40℃以下の洗剤液・30分～2時間。	70～80℃の湯・1％溶液で30分程度。
注意点	原液をつけない，混ぜるな危険表示のある酸性タイプの洗剤類とは混ぜない。	衣料に直接振りかけない，直射日光下で漂白しない（蛍光剤が分解し黄変することがある）。	塗布後長時間放置しない，直射日光下で漂白しない（蛍光剤が分解し黄変することがある）。	よく溶かす。

＊いずれの漂白剤も金属ファスナーやボタンなどの金属製品には使用しない。金属容器は用いない。

② 柔軟仕上げ剤 柔軟仕上げは洗濯や着用により加工剤が落ちて徐々に硬くなった布を元の柔らかさに戻すための処理である。主成分の陽イオン界面活性剤が図Ⅴ-16のように水溶液中で繊維に付着し，潤滑油の働きをして繊維同士の滑りをよくし，布にふっくらとした柔軟効果を与える。また，親水基の

部分がアースの働きをして静電気を防止する効果があるため、黒ずみやスカートの裾などのまつわりつきを抑える。

陽イオン界面活性剤は洗剤の陰イオン界面活性剤と同時に使用すると反応して互いに活性を失うため洗剤と一緒に使用することはできない。したがって、二槽式洗濯機や手洗いでは最後のためすすぎの水に入れる。全自動洗濯機では洗濯前に柔

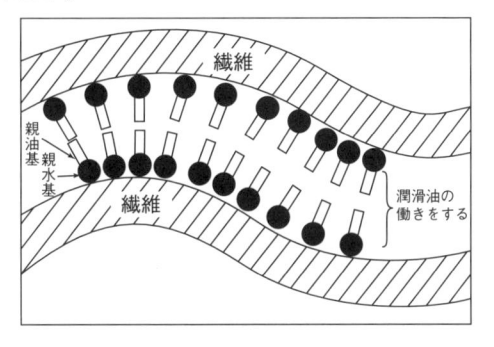

図Ⅴ－16　柔軟剤の繊維への付着状態
(ライオン(株)家庭科学研究所：クリーン百科, 1999, p.15)

軟剤投入口にセットしておくと、最後のすすぎ時に投入される。また、ただ浸け置くよりも攪拌するほうが効果的である。なお、処理後はすすぐ必要はない。

③　**糊　剤**　糊仕上げは、布に適度なこしやはり、光沢をもたせ、毛羽立ちを抑えて通気性を向上させる。また、布表面を糊剤が覆うことで汚れがつきにくく、汚れを落としやすくする。糊剤の種類と用途を表Ⅴ－8に示す。

表Ⅴ－8　洗濯用糊剤の種類

分類		主成分	特長
天然糊		でんぷん糊, ふのり, ゼラチン, にかわなど	張りが強く硬く仕上がる。保管前には使えない。
化学糊	半合成糊	加工でんぷん, カルボキシメチルセルロース	アイロンがけ時に使用するエアゾールタイプの糊剤。アイロンがけと交互に重ねることで硬さが増し、好みの硬さに調整できる。長期保管にも使用できる。
	合成糊	ポリ酢酸ビニル系	洗濯機の糊づけに使う。ムラなくソフトな糊づけ、長期間の保管にも使える。
		ポリアクリル系	アイロンがけ時に使用するスプレータイプの糊剤。硬さの調整や、部分使用がしやすい。長期間の保管にも使える。
		ポリビニルアルコール系	溶けやすくムラなくつく。長期間の保管にも使える。

洗濯時に糊剤を使用する場合は水がきれいになった最後のすすぎ時に入れて3～5分撹拌し，軽く脱水して乾燥する。

アイロンがけ時に使用するスプレーやエアゾールタイプの糊剤は必ず乾燥した衣料に用い，部分的に多量にかからないよう衣料から15cmほど離してスプレーする。硬く仕上げたいときは一度に多量に使用せず，スプレーとアイロンがけを2～3回に分けて繰り返すのがよい。

(3) 家庭で行うしみ抜き

しみとは部分的についた汚れのことをいい，しみ抜きは，(1) 水洗いのできない衣料に部分的に汚れがついた場合，(2) 全体を洗う必要のない場合，(3) 家庭洗濯では除去できない特殊な成分からなる汚れの場合に行う。

しみ抜きの手順や薬剤は汚れの性質により異なる。口紅のような油性の場合はベンジンなどの溶剤，しょう油のような水溶性の場合は洗剤溶液などを用い，しみのついている被服面を下に向けて硬く畳んだハンカチなどで裏からたたき出すのが基本的な方法である。また，墨などの固体の汚れは洗剤を混ぜたご飯粒などを利用して被服の表から和裁用のヘラなどでしごき出す物理的な作用が必要である。

使用する薬剤類は布にあった適切なものを選び，濃度や温度を守って1種類ずつ使用しなければならない。表V－9に各種しみ抜きの手順をあげる。

また，しみは時間が経つと落ちにくくなるため，つけたその場でハンカチやティッシュなどでつまみ取るなどの応急処置を行っておくことが重要である。

なお，ドレスや着物など高級な衣料は専門店に依頼するほうがよい。

表V-9　いろいろなしみとしみ抜き手順

	種類	最初の処置	次の処置	落ちなければ
食物のしみ	しょう油,ソース,コーヒー,カレー,ミートソース,果汁,ワイン,酒類	水でたたく	洗剤液でたたく	繊維にあった漂白剤で漂白
	油分,バター,チョコレート,乳汁,牛乳	ベンジンでたたいて脂肪分を取る	洗剤液でたたく	
	チューインガム	氷で冷やして固め,固形物を手で取る	ベンジンでたたく	洗剤液でたたく
分泌物のしみ	衿あか	ベンジンでたたいて皮脂分を取る	→	洗剤液でたたく
	血液	水でたたく	洗剤液でたたく	繊維にあった漂白剤で漂白
化粧品のしみ	口紅,ファンデーション	アルコール*とベンジンで交互にたたく	洗剤液でたたく	
	マニキュア	アセトン**または除光液でたたく		
学用品のしみ	ボールペン,朱肉,クレヨン	アルコール*またはベンジンでたたく	洗剤液でたたく	繊維にあった漂白剤で漂白
	墨	洗剤を混ぜたご飯粒をしみの部分に練り込みヘラでしごく	水洗いする	
その他のしみ	機械油,グリース	ベンジンでたたく	洗剤液でたたく	
	泥はね	乾燥させ,軽く揉んで固形物を落とす	石鹸を付けヘラでしごく	還元漂白剤で漂白
	鉄さび	還元漂白剤の温液でたたく,つけ込む		

○洗剤液は洗濯用中性洗剤液の2%溶液
＊ アルコールはエチルアルコール95%以上の濃度のもの
＊＊アセトン,除光液はアセテート,およびその混紡品には使用できない
(ライオン(株)家庭科学研究所:クリーン百科, 1999, p.14より)

(4) アイロン仕上げ

　アイロン仕上げは水分と熱を利用しニットなどにかさ高性をもたせ,編み地を整えたり,さらに圧力の作用で洗濯や着用でできたしわを伸ばし,布表面を平滑にしたり,ズボンの折り目をつけて形を整えるなどの作業である。

適正温度（℃）	適正素材	対応する取り扱い絵表示
高 180～200	麻 綿	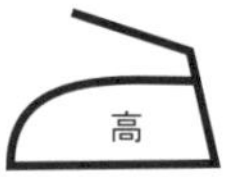 高
130～150	絹，毛 レーヨン ポリエステル	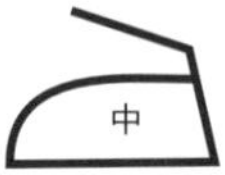 中
110～130	ナイロン アクリル アセテート	
低 90～110	アクリル系 ポリウレタン ポリプロピレン	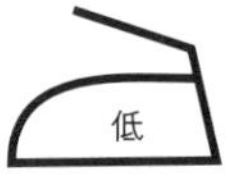 低

図Ⅴ-17　被服素材とアイロン温度および表示
（ライオン㈱家庭科学研究所：アイロンがけより加工）

1）繊維とアイロンの適正温度

　アイロンの適正温度は材質，厚さ，織り方，アイロンの重さ，接触時間，あて布や水分の有無によって異なるが，各繊維に適したアイロン温度はおおよそ図Ⅴ-17のようになる。混紡，交織の場合は耐熱性が一番低い繊維の温度を基準にしなければならない。また，あて布はテカリ防止効果の他に，アイロン温度を30～50℃下げ，温度調整としても活用できる。
　スチームに設定した場合，ほとんどのアイロンの表面温度は高温の設定となり，繊維によっては不適になるため注意が必要である。なお，最近は中温域でスチーム噴射が可能なアイロンも販売されている。

2）アイロン仕上げのポイント

　綿，麻，レーヨン製品などしわの伸びにくい素材は乾燥後，霧吹きで十分な水分を与え，布地の表からドライアイロンをかけるとしわが伸びやすくなる。
　絹製品は生乾きの状態で当て布をするかまたは裏からドライアイロンをかける。スチームは水ジミの原因となるため使用しない。
　毛製品の場合，ふんわりさせるニットなどはスチームアイロンを0.5～1cm

程度浮かしてかけ，ズボンなどの折り目をつけるときは霧吹きで水分を与えた後，ドライアイロンで押させるようにかけると乾燥とともにセットされる。

化学繊維製品は熱に弱いため，アイロン温度に注意しドライアイロンとする。

なお，アイロンによるテカリは繊維や糸の反射角度を変化させることが原因で発生するため，あて布をして，アイロンを強く滑らせずに，軽く押さえるようにかけるとよい。

(5) 商業洗濯

商業洗濯ではドライクリーニングとランドリー，ウェットクリーニングが主に行われている。

ドライクリーニングは特別な設備によって有機溶剤を使用し洗濯する方法で水を使う家庭洗濯とは異なる。水を使用しないため，水で洗うと型くずれや色落ちを発生する被服に適している。現在使用されているドライクリーニング溶剤は主に石油系の溶剤とパークロルエチレンで，油性の汚れが落ちやすい。しかし，ドライクリーニング溶液のみでは，汗などの水溶性汚れを落とすのは不十分であるため，溶剤中に被服に影響のない範囲で洗剤を加え(チャージシステム)，洗浄効果をあげる工夫がされている。

ランドリーは洗剤とアルカリ剤を用い，温度を上げて水洗いする方法で，水洗いに耐えるワイシャツやシーツなどのリネン製品を洗濯する。

ウェットクリーニングはドライクリーニングで取り除けなかった汚れを弱い水洗いで洗濯する方法である。主に，デリケート衣料に行われる。

現在は環境問題や管理上の危険性から商業洗濯を見直す方向にあり，環境負荷や危険性の少ない新たなドライクリーニング溶剤の研究開発がされている。また，消費者の水洗い志向などもあり，パンツやスーツなどのデリケート衣料をランドリーよりもやさしく水洗いする新しいウェットクリーニング技術も開発されている。

3. 保　　管

梅雨や高温多湿の夏がある日本の気候は被服に及ぼす影響も大きく，湿気に

よる変質や，カビ，虫害が少なくない。したがって，保管する際は被服の清潔や乾燥に配慮し，カビや虫害，防湿に対して，十分な対策が必要である。

また，保管の難しい毛皮やかさの大きい布団などを外部のトランクルームやクリーニング店に保管依頼する方法もある。

（１）カビとその防止法

綿や麻，毛や絹，レーヨンなどは特にカビの害を受けやすい。カビの分泌物はシミをつくり，繊維を変質してぜい化させる。一般的に温度 20～30℃，湿度 70%RH 以上で発生が著しく，特に汚れやでんぷん糊などが付着していると，これらを栄養源に増殖する。

なおカビの発生を防止する手段として収納の際にシリカゲルや塩化カルシウムなどの乾燥剤を活用する方法がある。塩化カルシウムは吸湿量に優れているが，吸湿すると液体に変化し，被服を汚すことがあるため，注意が必要である。

（２）虫害とその防止法

被服の虫害は昆虫の幼虫が繊維を食べることによって生じる。毛や絹のようなたんぱく質系の繊維で特に著しいが，食品などがついて汚れている部分は繊維の種類に関係なく，被害を生じる。

被服につく害虫は図Ｖ－18 のようなガ類や甲虫類などである。5月～10月頃に被服を食害するが，最近の暖房が行き届いた屋内では冬季でも注意する必要がある。

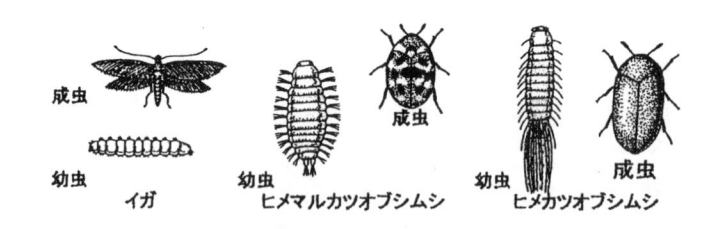

図Ｖ－18　衣料につく害虫
（小林茂雄ら：衣生活論,弘学出版,1993, p.120）

家庭で使用される防虫剤を表Ⅴ－10に示す。2種類以上の防虫剤を同時に使用すると液化することがあるため1種類の防虫剤を使用する。また，防虫剤のガスは空気よりも重く下に下がるため，被服の上のほうに入れるのが効果的である。容器内のガス濃度が低いと効果が減少するため指定の使用量を使い1カ月に一度は点検するとよい。

また，除湿と点検のために，湿度の少ない，晴天の続いている季節の日中を選んで虫干しを行うとよい。

表Ⅴ－10　防虫剤の種類と効果

	薬剤名	特　長	適しているもの	避けたほうがいいもの
無臭性タイプ	エンペントリン（ピレスロイド系）	衣料に臭いがつかない。パラジクロールベンゼンと同等以上の効果あり。効果は約6～12ヵ月。取り替え時期をインジケーターなどで確認する。	毛絹製品，綿麻製品，化学繊維（ポリエステル，アクリル，ナイロン，レーヨンなど），毛皮・皮革製品，金糸，銀糸，ラメ加工品，ひな人形。	真鍮のボタンなど銅を含む金属製品。
有臭性タイプ	パラジクロールベンゼン	防虫効果は高いが持続性がないため，早めに点検をする。効果は約3～6ヵ月。	毛絹製品，綿麻製品，化学繊維（ポリエステル，アクリル，ナイロン，レーヨンなど），毛皮・皮革製品。	ポリエチレン，ポリプロピレン以外のプラスチックフィルムを使用した金糸，銀糸，ラメ製品，スチロール製品，ひな人形，日本人形，合成皮革。ナフタリン，しょうのうとの併用禁止。50℃以上で溶けてしみになることがある。
有臭性タイプ	ナフタリン	他の防虫剤より効果が低いが持続性がある。効果は約5～12ヵ月。	人形，毛絹製品，綿麻製品，化学繊維（ポリエステル，アクリル，ナイロン，レーヨンなど），毛皮・皮革製品。	塩化ビニル製品。パラジクロールベンゼン，しょうのうとは併用禁止。
有臭性タイプ	しょうのう	自然の芳ばしい香気がある。効果は約5～6ヵ月。	きもの，毛絹製品，綿麻製品，化学繊維（ポリエステル，アクリル，ナイロン，レーヨンなど）毛皮・皮革製品。	金糸，銀糸，金箔には直接触れないようにする。パラジクロールベンゼン，ナフタリンとの併用禁止。

（3）保管のポイント
1）家庭での保管

(1)　カビや虫害の原因となるので保管前には洗濯を行い，汚れ，汗，シミを取って，よく乾燥させておく。また，不十分な洗濯で汗や皮脂汚れが残っていると，保管中に黄変することがあるため，保管前の洗濯は漂白剤や酵素入り洗剤による浸け置き洗濯が望ましい。でんぷん糊仕上げはカビの原因となるので行わない。

(2) クリーニングに出した衣料はビニールのカバーをはずして風通しのよい場所にかけ，こもっている湿気やドライ溶剤を除去してよく乾燥させる。
(3) 直射日光を避けて風通しのよい乾燥した場所に収納し，防虫剤や乾燥剤を用いるとよい。また，収納容器は密閉性の高いものを用いる。

2) 外部への保管依頼

家庭での保管が難しい毛皮や，収納でかさばる布団，毛布などをトランクルームやクリーニング店などの専門店に依頼して保管することができる。依頼時にはトラブルを避けるために次のことは必ず確認しておくとよい。
(1) 保管を依頼する被服を点検しておく(色落ちや破れ，しみなど)。
(2) 保管中にトラブルが生じた場合の保証を確認しておく(紛失や損傷)。
(3) 業者の保管に関する規約や料金を確認する。
(4) 返品時にはすぐに被服の損傷などを確認し，トラブルがあった場合には業者に早めに連絡をする。

■引用・参考文献

・石井照子他：改訂被服学概説，建帛社，1993
・中西茂子他：被服生理学，朝倉書店，1990
・水野上与志子他：被服整理学，建帛社，1991
・ライオン家庭科学研究所：漂白としみ抜き，ライオン家庭科学研究所，1996
・西尾宏：洗濯の科学，39巻2号，洗濯科学協会，1994，p.24
・消費科学研究所：衣料品と洗濯，Vol.27，くらしのサイエンス，消費科学研究所，1999，p.1

第Ⅵ章　衣生活の資源と消費

　わが国は科学技術の発達とあいまって急激な経済成長をとげた。同時に大量生産，大量消費の時代をむかえ，また情報網の発達により生活の多様化，流動化，個人の価値観の変化などの結果，衣料品のみならず家電製品，自動車など多くの廃棄物を排出した。これらの廃棄物の処分に伴って，わが国においても，環境汚染をもたらし，日常生活を脅かしつつある。繊維業界においては，廃棄衣料およびその他の廃棄物の衣服への再利用についての技術開発に積極的に取り組み始めている。

1．被服の生産と流通

(1) 被服の生産の過程

　被服の生産は，他の工業製品とは製造方式が異なっている。すなわち企画・設計・デザイン部門と製造部門が完全に分離されているのが一般的である。被服の製造過程は服種やそれぞれのデザイン，使用する材料によっても大きく異なる。これらの工程はさらに細分化される。特に縫製工程では縫製機器の開発により，各作業が分業化し，流れ作業により生産され，生産性の向上に寄与している。

　代表的な既製服の製造過程は第Ⅱ章 p.28 で述べたが，被服の生産は工程数が多いため，それらに従事する作業分担者も多い。一つの工程にミスがあっても，製品の品質に大きな影響を与える結果となる。各担当者間で作業内容，方法など綿密な打ち合わせのもとで製造されている（図 Ⅵ－1）。

　しかし近年，縫製工程へのコンピュータの導入は縫製機器のみならず，生産管理面にまで及び，パターンデータの詳細な分析によって，布地の必要量の見積り，縫製工程数の予測が可能となり，精度の高い原価管理，生産管理が可能となった。

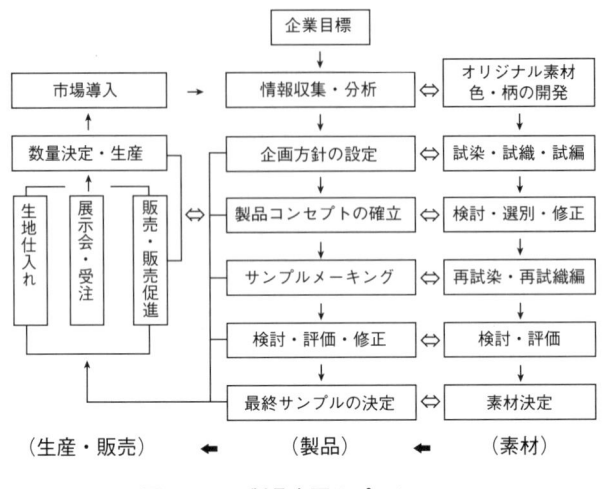

図VI－1　製品企画のプロセス

　繊維産業が，経済の高度成長の担い手として注目された時代に比べると低迷している中にあって，アパレル産業は，流通・消費市場では繊維製品の全売上げの1割以上を占めている。これらの繊維製品はわれわれの生活を心身ともに支える基本的・選択的消費財であり，これからの消費生活に大きな役割を果たすと考えられる。

（2）被服の流通過程

　製品が生産者から消費者にわたるまでの過程を流通という。繊維製品は，他の工業製品に比べ最終消費にいたるまでの流通機構が最も複雑であるといわれている。繊維メーカーから紡積→染色・加工→縫製→販売の各業者など，消費者までの間には多くの流通業者が関わり，流通の機能を果たしている。図VI－2はわが国の既製服の流通機構を表したものである。

　中間業者の介在により，その間の流通コストが最終価格に上乗せされることになる。しかし製品の種類が多種多様であり，ファッション性も伴うものであるから，中間業者の長い経験は流行の予想，販売予測，また，それらの情報の小売業者への提供などにおいて製品の流通に貢献している。最近，インターネットの普及によって，消費者と生産者が直接ネット上で結ばれ，中間業者を一切

2. 繊維製品の消費　153

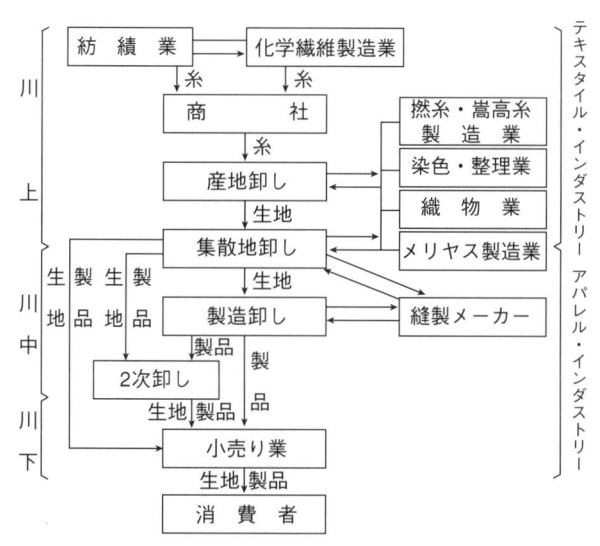

図Ⅵ-2　わが国の繊維製品（既製服）の流通機構（『服飾事典』文化出版局）

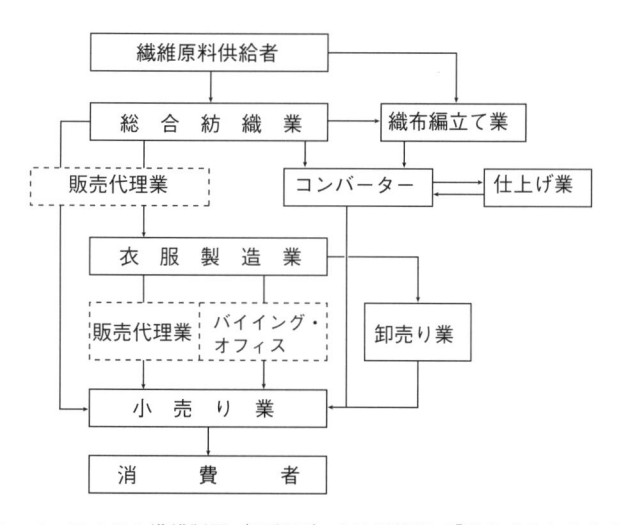

図Ⅵ-3　アメリカ繊維製服（既製服）の流通機構（『服飾事典』文化出版局）

排除した流通形態も生まれてきている。しかし，中間業者の貢献度から，このような流通機構も共存していくと考えられる。

図Ⅵ－3にアメリカの既製服の流通機構を示した。わが国の流通機構に比べ，2次製品が消費者にわたるまでの過程が非常に短いのがわかる。すなわち，繊維原料供給者から総合紡織業→衣服製造業→小売業の順で流通しており，消費者にとっては，責任の所在を明確に把握することができる利点がある。

2．繊維製品の消費

（1）繊維製品の消費動向

1）繊維と消費

わが国の繊維産業は，戦後の経済成長と化学繊維の開発により急成長した。生産量の推移をみると，主要繊維製品の中であまり伸びない天然繊維に比べ，合成繊維は，図Ⅵ－4に示すように1960年代より徐々に上昇を続け，1967年には綿を除いて天然繊維の生産量を凌ぐようになった。とりわけポリエステルの生産量の成長は目覚ましく1976～1997年にかけて，生産量が減少傾向の綿との差は大きくなった。この要因は，高度成長期のわが国において，大量生産,大量消費に適した合成繊維の製品化は急務であり，また天然志向の強い国民に浸透させるために，天然素材の性能に近づけるような改質，改良の技術の研究開

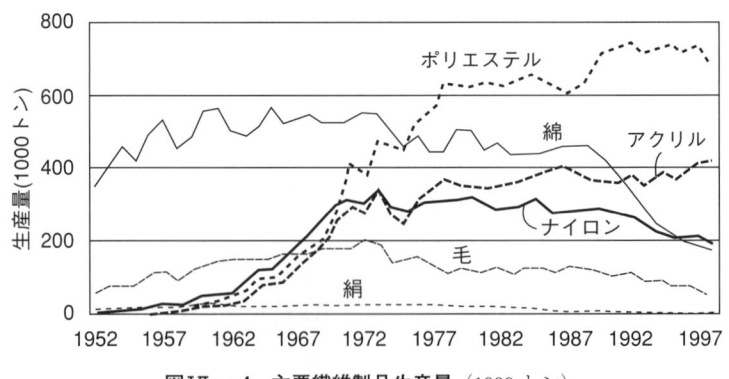

図Ⅵ－4　主要繊維製品生産量（1000トン）

発の結果，単なる代替品ではなく，多様な繊維製品の供給が可能になったためといえる。

主要繊維の世界の生産量推移をみても，天然繊維やアセテート，レーヨンなどのように植物資源を利用する化学繊維の生産量は減少または横ばいの傾向にあり，合成繊維は増加の傾向にある。

繊維産業の成長の波は国民の消費生活を反映するといわれ，経済，社会の変化，個人の価値観の影響を受けやすい。1990年代後半のわが国の経済の低迷は，繊維業界にも大きな影響を与えた。繊維の生産・加工・流通・消費についての1997年度の統計によると，対94年度比の年平均の伸び率はほとんどの部門でマイナスに転じている。糸類，織物類，繊維2次製品の輸入がわずかに増加しており，輸出に関しては前3種目に加え繊維原料の輸出もわずかに増加している程度である。

わが国の1人当たりの繊維の消費量の推移をみると，1955年頃から徐々に上昇し，1970～73年には所得水準の向上を背景に急激な上昇がみられ，その後消費量は横ばいの状況にあり1975年後半には15～16kgに達し，1996年には1人当たり消費量が18kgの水準になったが，1998年には1975年代と同様の消費量15kgとなった。今後も経済状況から推察すると，これ以上の伸びを期待することは難しいと思われる。

用途別，素材別の繊維消費量についてみると，用途別では全繊維中，衣料用(含寝具類)としての消費量が最も多く，ついで産業用，インテリア用となっている。1989年と比較すると，前者の3部門で減少の傾向にあるが，相互間では産業用が衣料用を上回っている。繊維別では，衣料用では合成繊維と天然繊維が同量に近い消費量であるが，産業用，インテリア用の消費量は天然繊維よりも合成繊維が上昇し，とくに産業用において，その他の繊維（ガラス繊維，フィルム繊維，落ち綿，反毛）の投入量が天然繊維の50%減に比べ同レベルで推移している。

1970～1990年は生活様式の変化，環境の変化に伴い寝装品，インテリア関連の需要の伸びた時代である。今後は地球資源の枯渇という世界的な問題を踏まえながら，繊維製品の消費について考える必要があろう。

2) 繊維製品の現状

　生活様式の変化，多様化は繊維製品の需要を増大させ，繊維製品の輸入が必要となった。1965年代までは全輸入額の1％程度に過ぎなかったが，1970年以降急速に上昇し1973年には輸入額全体の4.5％に上昇した。以後，低迷の時代はあるが1985年には1970年に比べ8.2倍の増加を示した(国民生活白書，1987，繊維製品の輸入状況)。しかし，1995年頃からの経済の低迷は衣料の輸入にも影響し1998年に向けて徐々に減少しているが，服種別輸入量と国産との比率をみると，あまりフィット性やファッション性が要求されない服種は国産を上回っている (付録1)。これらは，東南アジアなどに進出したわが国との合弁企業が，日本向けの輸出を増加させていると考えられる。

(2) 消費支出と被服費

　戦後，わが国の経済はまれにみる高度成長をとげ，消費支出は向上し，エンゲル係数は減少しつづけた。このような高度経済成長は，われわれに教育水準の向上，科学技術の進歩，余暇時間の増加，社会施設の充実などをもたらしたが，一方，物価の上昇，公害の増加，資源不足などの問題も生じてきている。
　被服費の消費支出に占める割合は，1952年には14.5％にまで増加した。この

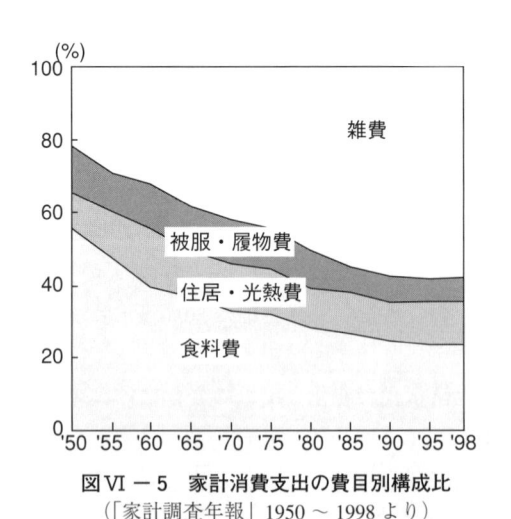

図Ⅵ－5　家計消費支出の費目別構成比
(「家計調査年報」1950～1998より)

時期は衣料がまだ量的に不足しており，人々は生活必需品としての被服を購入したと考えられる。その後の被服費の横ばいの時代をへて1970年代は，高度成長期を中心とする時代であり，人々は余暇を楽しみその生活に適した被服を購入し，所持数を増加させた。1972年には前年度の6.7％，1973年にはさらに上昇し26.9％に達しその他の消費物価と比較しても，被服費の上昇比率は大きい値を示した。

わが国の家計消費支出を費目別構成比で表したものが図VI－5である。被服費は消費支出の中で最も景気の影響を受けやすいとされており，雑費の支出の増大とともに被服費の支出が減少したとも考えられるが，1人の所持被服は，必需品からゆとり品までいきわたるとともに，最近の住宅事情から収納場所の限界もあり消費支出の増大に比例せず低迷するであろう。

（3）衣料の廃棄処分

被服類の消費経過として廃棄処分がある。消費科学的な問題の一つとして衣料の耐用年数がある。1着当たりの実着用期間は個人の事情，例えば経済的なもの，生活習慣などによって異なる。衣料の着用時，通常図VI－6のような過程が考えられる。

着用期間は，満足して着用した期間と，不満足ながら着用する期間とがあり，その後多くの衣料は死蔵される期間を経て再着用あるいは処分されることになる。これらの経過の比率は個人の経済的事情によって変動することが考えられる。

廃棄の要因となるには次の項目があげられる。

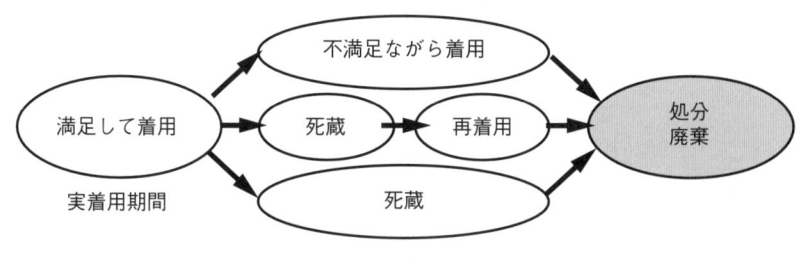

図VI-6　衣服の着用過程

(1) 生地の劣化……風合いの悪化，変色，または破損
(2) 着用時の体型の変化による衣料の寸法の不適合
(3) ファッション性……流行おくれ
(4) しみなど除去不可能な汚れの付着

衣料廃棄の動機を解析する一つの目安として次の指数が提案されている。

$$\text{サイズ指数} = \frac{〔サイズが合わない〕}{〔すりきれ・破れ〕+〔しみ・汚れ・色あせ〕+〔サイズが合わない〕} \times 100$$

$$\text{嗜好性指数} = \frac{〔流行おくれ〕+〔着あきる〕+〔似合わなくなる〕}{〔すりきれ・破れ〕+〔しみ・汚れ・色あせ〕\times 100} \times 100$$

サイズ指数は，実用価値の劣化の中で，サイズが原因で使用されなくなったものの比率で，この値が大きいほど，サイズ重視の品目といえる。嗜好性指数が1より大きい数値を示すものは，実用性能よりも，嗜好的理由で着用しなくなることを意味している。

衣料が豊富で消費者の所得が多い場合は，これらの要因が直ちに死蔵，廃棄につながることが多い。しかし所得が低い場合は，新しい衣料の購入が差し控えられる。これらの消費経過は社会的な影響も大きい。豊かさの中で衣生活を過ごしてきたわれわれには，過度に流行に左右されやすいなど，反省すべき点が多くがあるが，最近の調査では廃棄被服の数量が減少の傾向にあり，環境および資源の保全等の面から好ましいことである。

被服の廃棄の方法は，年齢層などによって多少の相違はみられる（付録6）が，多くはゴミとして廃棄されている。

3．衣生活と資源

科学技術の発達と生活活動領域の拡大は，地球資源の枯渇という危機的問題をもたらした。その問題に対応する活動として，資源の回収および再利用の可能性を検討し，積極的に実現することへの社会的要求が高まった。

区分	識別マーク	プラスチック名	おもな用途
熱可塑性プラスチック（熱を加えるとやわらかくなるプラスチック）	♳ PETE	ポリエチレンテレフタレート	ペットボトル，テープ，フィルム
	♴ HOPE	高密度ポリエチレン	灯油缶，びん，網
	♵ V	ポリ塩化ビニル	卵パック，ラップ
	♶ LDPE	低密度ポリエチレン	ポリ袋，通信ケーブル，ふた
	♷ PP	ポリプロピレン	浴槽，自動車部品，注射器
	♸ PS	ポリスチレン	キャビネット，トイレ，おもちゃ
	♹ OTHER	その他の熱可塑性プラスチック	ボールペンの軸，看板，哺乳びん
熱硬化性	♹ OTHER	熱硬化性プラスチック（熱を加えると固くなるプラスチック）	ボタン，食器，ヨットの本体

図Ⅵ－7 プラスチック容器についているマークの例

矢印の三角形の中の数字はプラスチックの材質表示の識別マークで米国プラスチック工業協会(SPI)の制定。日本でも実施されている。

わが国では，平成9年4月「容器・包装リサイクル法」の施行により，繊維業界をはじめ各産業界で，急速にリサイクルの検討がされはじめた，すでに，発泡スチロール業界では，小売市場において容器回収システムが実施されている。回収した容器の分類を容易にするため，製品には材質識別マーク（図Ⅳ－7）をつけることが義務づけられている。

自動車業界・家電業界においても，省エネルギー構造の問題，排ガスによる環境問題と並行して再利用可能な部品や構造の検討などに積極的に取り組み，地球環境に対する姿勢を企業の重要な理念としはじめた。廃棄家電の回収システムを具体的に提案するなど，家電業界の消費社会への啓蒙と企業・産業界の

責任意識を訴える姿勢は高く評価されつつある。

（1）繊維産業におけるリサイクル

近年、生産技術の進歩や経済の向上から、われわれは量的に豊かな衣生活を送っている。世界の原料繊維の生産量も増加傾向を維持しており、人間が生活活動上、衣服着用が不可欠であることから、今後も人口増加による繊維の需要は増加すると考えられる。現在繊維の生産量は綿繊維と合成繊維が占めている。特に合成繊維は需要の増加に対し大きく寄与している。しかし合成繊維はそのほとんどが石油に依存していることから地下資源の枯渇が問題となり、さらに廃棄物処理問題、環境問題とあいまって廃棄衣料の再生のみならず、ペットボトル、プラスチック製品などからの繊維製品へのリサイクルに多くの企業が取り組み始めた。

1）プラスチックのリサイクル法

① **サーマルリサイクル**(熱エネルギー利用)　焼却する際に発生する熱エネルギーを発電などに利用する方法

　ａ．**直接焼却**：他の廃棄物と一緒に焼却し、発生した熱を利用

　ｂ．**固形燃料化・油化**：固形燃料化、油化した後、熱を利用

② **ケミカルリサイクル**（原料に戻して再利用）

③ **マテリアルリサイクル**（素材として再利用）　製品をチップ化（小さなかけら状）した後、素材として製品に再生する方法。透明なものは原料として繊維をつくり衣料、ふとんのつめ綿、カーペットなどに再生される。その他梱包の緩衝材、卵パックなどの製品にも再利用される。

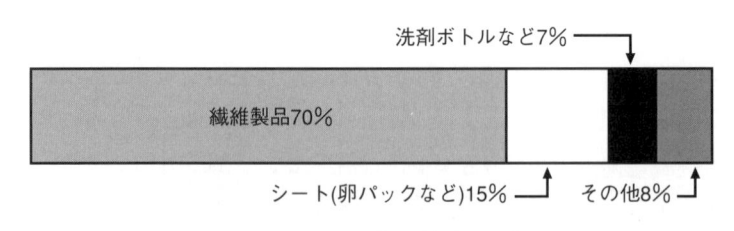

図Ⅵ－8　ペットボトル再生品の内訳

（繊維製品70%、シート(卵パックなど)15%、洗剤ボトルなど7%、その他8%）

3. 衣生活と資源　161

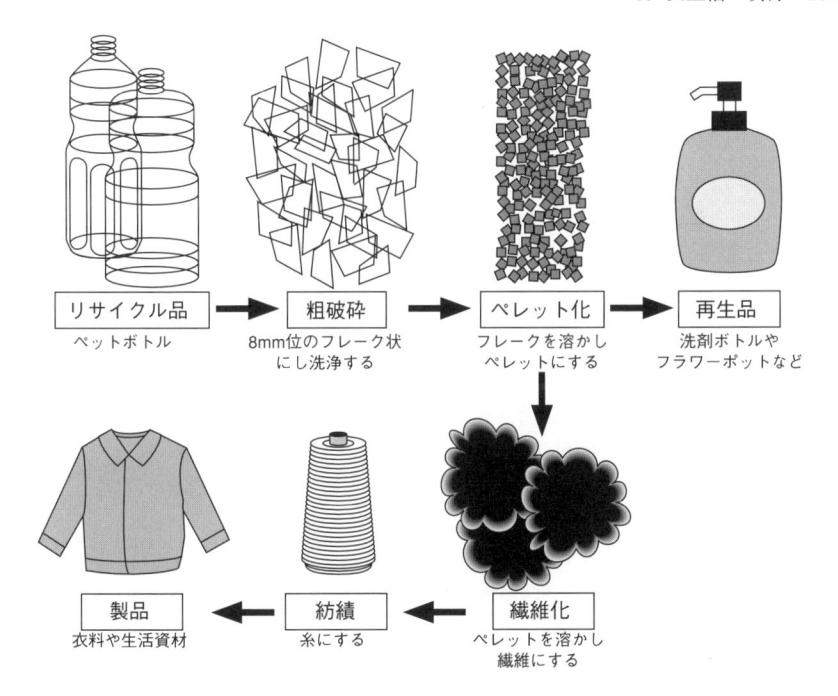

| リサイクル品 | → | 粗破砕 | → | ペレット化 | → | 再生品 |
| ペットボトル | | 8mm位のフレーク状にし洗浄する | | フレークを溶かしペレットにする | | 洗剤ボトルやフラワーポットなど |

| 製品 | ← | 紡績 | ← | 繊維化 |
| 衣料や生活資材 | | 糸にする | | ペレットを溶かし繊維にする |

図Ⅵ－9　ペットボトルのリサイクル

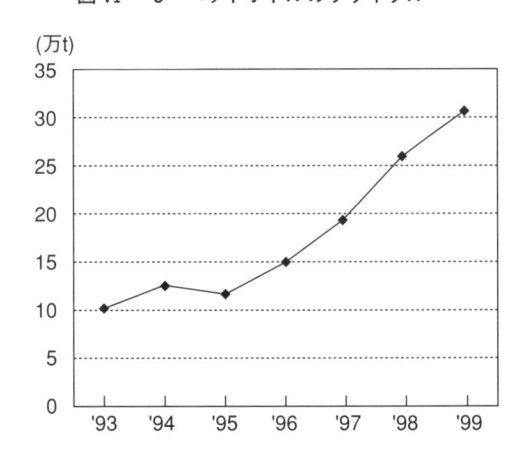

(万t)

年	'93	'94	'95	'96	'97	'98	'99
需要	10	12.5	11.5	15	19.5	26	31

(注) 1. 輸入品を含む　2. 98年までは実績, 99年は見通し

図Ⅵ－10　清涼飲料ボトル用PET樹脂需要推移（PETボトル協議会）

2）ペットボトルのリサイクル法

ペット（PET）は化学名ポリエチレンテレフタレート（Polyethylene/terephthalate）のことで，衣料などに使われている合成繊維のポリエステルの原料にもなっている。そこでペットボトルからポリエステル繊維にすることが可能である。図Ⅵ－8に示すようにペットボトルは70％が繊維製品に再生されている。

ペットボトルが衣料に再生されるまでの工程を図Ⅵ－9に示す。また，リサイクル製品はエコペット（帝人），エコールクラブ（東洋紡），ベルリサイクル（鐘紡）などの商品名で使用されている。ペットボトル1本（1.5～2.0ℓ）は約50～55gで，糸に再生すると85％約40gの糸になるといわれている。ボトル用のPET樹脂の需要は増加の傾向にあり，1994年との比較では5年間でほぼ倍増しており，特に清涼飲料水容器への需要が大きく伸びている（図Ⅵ－10）。

3）繊維製品のリサイクル法

繊維製品のリサイクルには，古着やリフォームをして着用するという最も効率的なリサイクル方法があることを忘れてはならない。衣料品などをリサイクルする場合，一般的には複数の素材が混在しているため，ウェス，反毛化，またはサーマルリサイクルとなり，ケミカルリサイクルは困難である。合繊100％の単一素材であれば，マテリアルリサイクル，ケミカルリサイクルが可能である（表Ⅵ－1）。

① **羊毛製品のリサイクル**　ウールのリサイクルは国際羊毛事務局が「どうしたら罪悪感なく古着を捨てられるか」をテーマとして「下取り」によるリサイクルを考えた。古着のリサイクル工場として加工技術・生産技術にすぐれ

表Ⅵ－1　繊維製品のリサイクル方法

技　術	概　要
ケミカル（原料回収）	ポリマーを原料のモノマーまで戻す（解重合） ナイロン6，PETでは技術確立
マテリアル	ウェス：古着をばらし雑巾や工場の油拭き用布として利用 反　毛：細かく裁断し，さらにわた状にまで戻しフェルトなどに用いる 再溶融（合成繊維100％）：加熱して溶解または溶剤により溶解してペレット化し，成型品として利用する
サーマル	焼却して熱回収を行うこと ゴミ発電や固形燃料化（RDF）も行われている

た紡績工場*に協力をもとめ，リサイクル・システムの構築を積極的に推進している。①古着の回収→②リサイクル工場で産業資材，緑化促進資材に再生・加工→③緑化促進資材で草木を育てる。また，マット，モップ，プランターなどにも再生されている（図VI－11）。

注）回収窓口として「アオキインターナショナル」，リサイクル工場として「東亜紡織」が参加（『東海総研 MANAGEMENT』98-11 による）。

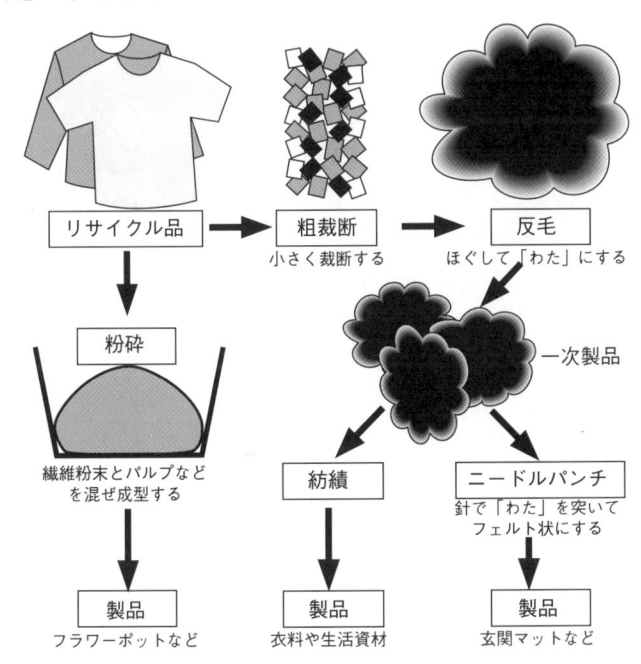

図VI－11　ウールのリサイクル

② 綿（コットン）製品のリサイクル　企業では，コットンを主体とするセルロース繊維の土に還える生分解性というエコロジー性の特徴を利用した商品の開発を始めている。綿製品の衣料の回収方法，再利用のシステムである。使用済みの衣類（古着，廃棄衣料），紡績の工程で排出される落ち綿，被服類の製造過程での裁ち落としの布地などを衣料，生活資材などに再生している。衣料の回収がシステム化されていないこともあり，現在は古着よりも落ち綿，裁ち落しの布地の再利用製品が多い。綿製品のリサイクルを図VI-12に示した。

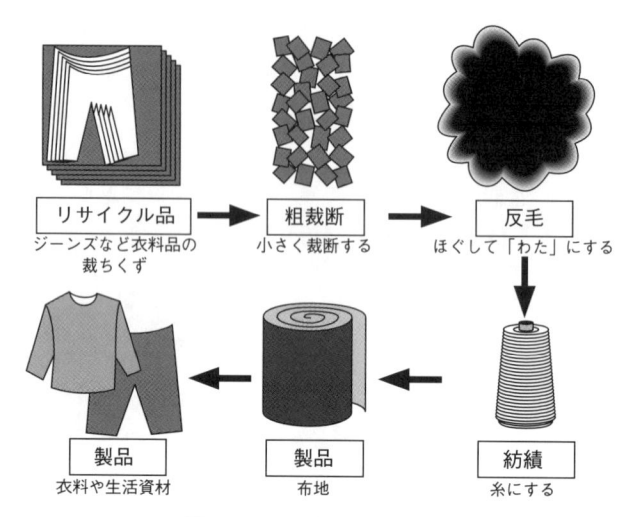

図VI－12　綿のリサイクル

（2）生活者の立場

　生産者至上主義から，合理化された生産システムが生まれ，政府の政策も相まって消費は生産に対して受身的な立場におかれ，この生産優先の風潮が様々な環境破壊をもたらしたことも否定できない。生産者も消費者も同じ生活者としての立場から，地球規模の資源，環境の問題について考えることが必要である。消費者は，新規資源の製品よりも再生資源の製品を積極的に利用するなど，生産者と消費者の相互理解も必要である。しかし，古着，古紙，プラスチックなどのリサイクルを行う場合も，大量のエネルギーを消費するのであるから，諸外国の例なども参考にしながら，原形のままで繰り返し利用できるような製品の開発，制度の確立が急務であると考えられる。また，消費者はできるだけ廃棄物を出さないように努力するなど，資源・環境問題について理解を示し，私たちのできることから取り組んでいく必要があろう。

■参考文献
・東京都消費生活総合センター：コンシューマーズブックレット6，2000
・(社)化学繊維技術改善研究委員会（日本化学繊維協会）：合成繊維製品のモデルリサイクルシステム調査報告書，1996
・日本化学繊維協会：繊維ハンドブック2000，1999

付録1 主要衣料品の国産と輸入量   (1000点, %)

品目	項目	1993 数量	比率	1994 数量	比率	1995 数量	比率	1996 数量	比率	1997 数量	比率	1998 数量	比率
スカート	国産	103,303	75.3	93,785	71.5	85,458	65.8	81,291	65.2	78,090	67.9	78,431	67.6
	輸入	33,813	24.7	37,467	28.5	44,507	34.2	43,347	34.8	36,987	32.1	37,605	32.4
	計	137,116	100	131,252	100	129,965	100	124,638	100	115,077	100	116,036	100
ズボン (男女子用)	国産	152,365	43.7	137,161	37.5	130,453	32.1	118,352	29.2	103,538	28.6	95,877	27.6
	輸入	196,064	56.3	228,666	62.5	275,824	67.9	286,914	70.8	258,310	71.4	251,323	72.4
	計	348,429	100	365,827	100	406,277	100	405,266	100	361,848	100	347,200	100
男子シャツ (布帛)	国産	85,571	49.7	81,220	44.2	76,650	42.3	71,590	41.6	68,122	43.6	62,689	39.3
	輸入	86,519	50.3	102,548	55.8	104,750	57.7	100,548	58.4	88,159	56.4	96,735	60.7
	計	172,090	100	183,768	100	181,400	100	172,138	100	156,281	100	159,424	100
ブラウス	国産	77,866	62.2	75,288	56.7	72,936	51.8	71,240	51.0	63,617	52.1	57,757	47.5
	輸入	47,387	37.8	57,551	43.3	67,788	48.2	68,551	49.0	58,613	47.9	63,745	52.5
	計	125,253	100	132,839	100	140,724	100	139,791	100	122,230	100	121,502	100
セーター・カーディガン (男女子用)	国産	78,176	29.4	71,383	22.8	69,110	20.4	65,223	18.2	60,281	17.1	53,883	13.5
	輸入	188,071	70.6	242,000	77.2	270,479	79.6	293,816	81.8	292,218	82.9	346,130	86.5
	計	266,247	100	313,383	100	339,589	100	359,039	100	352,499	100	400,013	100
スポーツ衣料	国産	96,465	73.0	90,039	73.6	87,628	76.1	75,362	72.4	67,214	77.7	60,234	73.9
	輸入	35,656	27.0	32,321	26.4	27,529	23.9	28,750	27.6	19,290	22.3	21,258	26.1
	計	132,121	100	122,360	100	115,157	100	104,112	100	86,504	100	81,492	100
肌着計	国産	554,084	57.3	534,171	52.9	527,388	47.0	511,083	47.0	487,629	48.1	487,629	46.8
	輸入	413,678	42.7	475,234	47.1	594,259	53.0	575,524	53.0	525,148	51.9	553,217	53.2
	計	967,762	100	1,009,405	100	1,121,647	100	1,086,607	100	1,012,777	100	1,040,846	100
靴下類計	国産	1,475,364	84.2	1,338,668	79.0	1,226,834	75.4	1,192,328	74.8	1,096,099	72.7	1,096,099	70.4
	輸入	277,103	15.8	356,270	21.0	400,993	24.6	401,775	25.2	412,336	27.3	459,975	29.6
	計	1,752,467	100	1,694,938	100	1,627,827	100	1,594,103	100	1,508,435	100	1,556,074	100
ファンデーション	国産	88,060	62.5	83,510	58.8	80,310	50.7	78,630	47.8	76,740	46.9	76,740	48.2
	輸入	52,948	37.5	58,473	41.2	78,103	49.3	85,861	52.2	86,821	53.1	82,393	51.8
	計	141,008	100	141,938	100	158,413	100	164,491	100	163,561	100	159,133	100
ショール・スカーフ・マフラー	国産	16,486	41.0	14,315	31.7	14,315	31.9	14,315	33.7	14,315	38.8	14,315	44.6
	輸入	23,762	59.0	30,876	68.3	30,572	68.1	28,219	66.3	22,618	61.2	17,791	55.4
	計	40,248	100	45,191	100	44,887	100	42,534	100	36,933	100	32,106	100

(出所) 国産：日本化学繊維協会 輸入：大蔵省「日本貿易月表」
(注) 1. スポーツ衣料計は，トレパン・トレシャツ，スキーウェア，水着の合計。
    2. 肌着計は，ランジェリーとその他肌着の合計。
    3. 靴下類計は，パンスト・タイツ，ストッキング，その他の靴下の合計。
    4. 国産は輸出用含まず。

付録2 繊維の最終製品に対する品質要求項目

品質要求項目		内容
A 外観	1. 形 2. ドレープ 3. 色彩 4. 色のもち 5. 汚れ 6. ピリング	①織組織、②型デザイン、③縫製仕上がり 布類がみた目に感じ良い垂れぐあいと変形を示し、体に適合する性質 ①曲げやすい―曲げにくい、②伸びやすい―伸びにくい ①色の調子、②色の配合、③模様、④白さ、⑤光沢 光、洗濯、汗、摩擦に対する色の強さ 汚れやすい―汚れにくい 毛玉が出やすい―毛玉が出にくい
B 着心地	7. 手ざわり 8. 感じ	①布の腰、②ざらざらしている―すべすべしている、③硬い―しなやか、④皮膚への刺激 ①重い―軽い、②柔らかい―粗硬な、③触れたときの暖かさ―冷たさ、④匂い
C 取扱いやすさ	9. 洗濯の難易 10. アイロン仕上げの難易 11. 縫いやすさ	①洗濯条件の難易、②ドライクリーニングを要するものはその条件の難易、③汚れのとれやすさ、④汚れにくさ、⑤乾燥の早さ、⑥しみ抜きの難易 ①アイロン処理の難易、特に温度の条件、②プレス仕上げの難易、特に温度の条件 ①縫いやすい―縫いにくい、②縫いつれがでる―でない
D 形態的安定	12. 伸縮 13. しわ 14. 圧縮	①使用中あるいは洗濯などにより伸びる―縮む、②型くずれする―しない ①しわがよりにくい―よりやすい、②しわができても回復しやすい―しにくい ①使用中あるいは折たたみによりうすく、ぺしゃんこになる、②①からの回復力
E 衛生的機能	15. 目方 16. 通気性 17. 保温性 18. 吸湿性 19. 吸水性 20. 帯電性	①布類の比重、②重さのかかりぐあい 着用中布類を通じて内外の空気が貫流する性質 布類の保温、涼感効果 ①布類の吸湿する性質、②布類の放湿する性質 布類の吸水・脱水・はっ水の性質（汗を含む） 布類の帯電による保健衛生、着心地への影響
F 対生物性	21. 防かび性 22. 防虫性	①かびがつきやすい―つきにくい、②かびにより布類が侵される―侵されにくい 虫がつきにくい―つきやすい
G 理化学的抵抗	23. 耐熱性 24. 耐光性 25. 耐汗性 26. 耐薬品性	①空気中および水中における温度の変化による影響、②燃えにくい―燃えやすい 太陽光線・紫外線・風雨にさらした影響 汗と脂の付着による影響 アルカリや酸性薬品・洗剤・漂白剤・染料による影響
H 機械的性質	27. 引張り強力 28. 引裂き強力 29. 破裂強力 30. 衝撃強力 31. 耐摩耗性 32. 耐疲労性	乾いたあるいは湿った状態で繊維方向に引っ張ったときの抵抗 乾いたあるいは湿った状態で引き裂いたときの抵抗 布面に直角に働く圧力への抵抗力 急激な張力による破壊仕事への抵抗力 布表面を摩擦したときの弱り方や外観の変化する程度 引張り・圧縮・折曲げ・洗濯などの作用を繰り返すことによる強さの弱り方や固有性能の変る程度

（繊消科学会編：繊維製品消費科学ハンドブック，光生館，1975）

付録3 生活環境からくる代表的な接触アレルゲン（職業上取り扱う接触アレルゲンは除く）

罹患部位	主要なアレルゲン	左記アレルゲンの侵襲ルート
(1)露出部位 a. 顔, 頸, 頭	① 化粧品, 石けん, シャンプー 　　成分 ｛香料各種 　　　　　殺菌剤 ｛ハロゲン化フェノール 　　　　　　　　　　カルバニライド 　　　　　　　　　　パラベン類｝ 　　　　　タール系化合物 　　　　　ジアミン系ヘアダイ 　　　　　（paraphenylendiamin など） ② その他(c①など)	各種化粧品, 石けん, シャンプー 薬用石けん, デオドラント石けん, 薬用シャンプー, デオドラントシャンプー, その他 化粧品, 石けん, シャンプー 白髪染
b. 手・指	① 金属 (Ni, Co, Cr, Hg) ② ホルムアルデヒド ③ 各種香料 ④ ゴム成分 (MBT, TMTD 他) ⑤ 植物成分 (c①参照) ⑥ その他	金属製品および金属塩を含む日用品(皮革など) 糊 各種洗剤 ゴム手袋
c. 四肢（露出部）	① 植物成分（ウルシオールなど） ② その他	1) 植物そのもの（ウルシ, サクラソウ, ギンナン, ツタなど） 2) ウルシ系塗料およびそれをぬった製品
d. 日光照射部位	光アレルゲン （ハロゲン化フェノールおよび香料の一部）	a①参照
(2) 被覆部位 a. 下着の当たるところ	① ホルムアルデヒド ② 金属 (Ni, Co, Cr, Hg) ③ ゴム成分 (MBT, TMTD, PPDA, DPG など) ④ 蛍光増白剤 ⑤ 香料 ⑥ 色素（アゾ色素など） ⑦ フェノール系化合物（レゾルシン他） ⑧ 6アミノカプロン酸(ACA) ⑨ ①以外の樹脂成分（エポキシ他） ⑩ その他	下着布地 下着用金具(Ni, Cr), 防虫剤(Hg), 塗料(Co, Cr) ブラジャー, ガーター, elastic な下着 パンツのゴムひも 下着布地, 洗濯用洗剤 石けん, 洗濯用洗剤 下着布地など 下着布地など ナイロン6布地（須貝らによる） 下着布地など
b. overwear の当たるところ（袖口, 衿など）	ほぼ上記に準ず	
(3) アクセサリー使用部位	① 金属 (Ni, Co, Cr, Hg, Au 他) ② その他	腕時計, イヤリング, 指環, 皮革製品, ネックレス
(4) 履物の当たる部位	① ゴム成分（(2)a③参照） ② 皮革成分（Cr, フェノール系他） ③ その他	ゴム靴, 長靴, 地下たび, 運動靴 サンダル, 靴
(5) 好発部位のないもの	① 外用薬（クロラムフェニコール, ネオマイシン, 水銀系, その他） ② 全身に接触しやすいもの（男子における香料, 殺菌剤, 気化した塗料成分など）	外用薬, 消毒薬

付録4　ISOとJISの取扱い表示の対比

(1) 洗濯の記号

対応JIS	ISO	意味	
95 (○付き)	95	最高温度 機械的作用 すすぎ 遠心脱水	95℃ 普通 普通 普通
	95 (下線)	最高温度 機械的作用 すすぎ 遠心脱水	95℃ 弱 温度を徐々に下げる 普通
60 (○付き)	60	最高温度 機械的作用 すすぎ 遠心脱水	60℃ 普通 普通 普通
	60 (下線)	最高温度 機械的作用 すすぎ 遠心脱水	60℃ 弱 温度を徐々に下げる 普通
40 (○付き)	40	最高温度 機械的作用 すすぎ 遠心脱水	40℃ 普通 普通 普通
弱40	40 (下線)	最高温度 機械的作用 すすぎ 遠心脱水	40℃ 弱 温度を徐々に下げる 普通
弱30	30 (下線)	最高温度 機械的作用 すすぎ 遠心脱水	30℃ 弱 普通 弱
手洗イ 30	(手)	手洗いのみ 機械的作用は禁止 最高温度　30℃ 注意して取扱う	
(×)	(×)	水洗い禁止 濡れた状態での取扱いに注意	
	70	最高温度 機械的作用 すすぎ 遠心脱水	70℃ 普通 普通 普通
	50 (下線)	最高温度 機械的作用 すすぎ 遠心脱水	50℃ 弱 温度を徐々に下げる 普通
	40 (二重下線)	最高温度 機械的作用 すすぎ 遠心脱水	40℃ 非常に弱く 普通 普通　手絞り禁止

(2) 塩素系漂白の記号

対応JIS	ISO	意味
エンソサラシ	Cl	塩素系漂白　可 低温，希薄溶液に限る
エンソサラシ (×)	Cl (×)	塩素系漂白　禁止

(3) アイロン掛けの記号

対応JIS	ISO	意味
高	・・・	アイロン底面の最高温度が200℃でアイロン掛けする
中	・・	アイロン底面の最高温度が150℃でアイロン掛けする
低	・	アイロン底面の最高温度が110℃でアイロン掛けする スチームアイロンは危険
(×)	(×)	アイロン禁止 スチーム禁止

(4) ドライクリーニングの記号

対応JIS	ISO	意味
ドライ	Ⓐ	●ドライクリーニングで通常用いられる全ての溶剤を使うドライクリーニング（図柄Pの為に決められた全ての溶剤に加えて，トリクロロエチレン，1,1,1-トリクロロエタンを含む）
	Ⓟ	●テトラクロロエチレン，モノフルオロトリクロロエタン及び図柄Fの為に決められた全ての溶剤に使うドライクリーニング
	Ⓟ (下線)	●上記Pに示された溶剤によるドライクリーニングにおいてクリーニング中に加える水，機械的作用または温度に厳密な制限を加える ●セルフサービスクリーニングの禁止
ドライセキユ系	Ⓕ	●トリフルオロトリクロロエタン，石油系溶剤，（蒸留温度 150～210℃，引火点 38～60℃）によるドライクリーニング ●制限なしの普通の洗浄手順
	Ⓕ (下線)	●上記Fに示された溶剤によるドライクリーニングにおいてクリーニング中に，加える水，機械的作用まはた温度に厳密な制限を加える ●セルフサービスクリーニングの禁止
ドライ (×)	⊗	●ドライクリーニングの禁止 ●溶剤により汚れを取り除いてはいけない

(5) タンブル乾燥の記号

ISO	意味	
●●	タンブル乾燥 乾燥条件	可 普通
●	タンブル乾燥 乾燥条件	可 低温
(×)	タンブル乾燥	不可

付　録　*169*

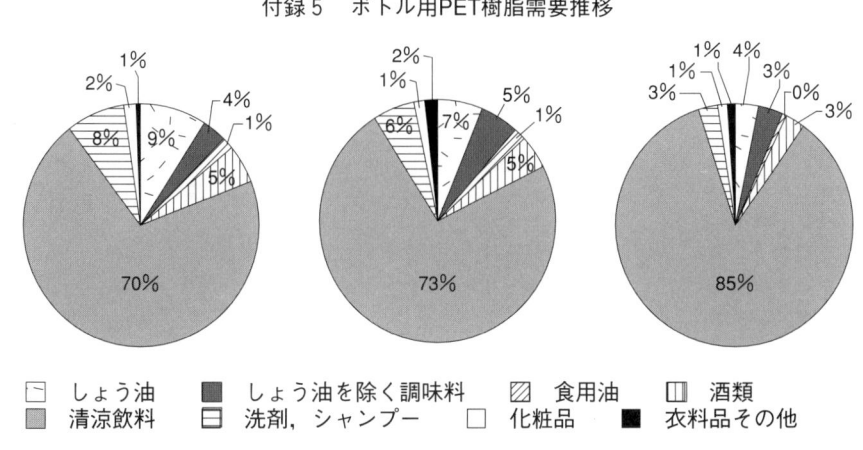

付録5　ボトル用PET樹脂需要推移

| □ しょう油 | ■ しょう油を除く調味料 | ▨ 食用油 | ⊞ 酒類 |
| 清涼飲料 | 洗剤，シャンプー | □ 化粧品 | ■ 衣料品その他 |

（出所）　PETボトル協議会
（注）　　輸入品を含む，98年までは実績，99年は見通し。

付録6　被服の廃棄方法 （複数選択）

廃棄方法	父		母		学生	
	回答数	%	回答数	%	回答数	%
合計	334	100.0	243	100.0	701	100.0
一般ゴミとして廃棄	143	42.8	99	40.7	291	41.5
資源ゴミとして廃棄	170	50.9	126	51.9	149	21.3
人に譲渡（有料・無料）	108	32.3	110	45.3	496	70.8
布として別の用途に	126	37.7	117	48.1	251	35.8
その他	11	3.3	4	1.6	45	6.4

索引

ア

アイロン温度	146
アイロン仕上げ	145
アイロンプレス	4
アウターウエア	26
アクセサリー	21
アクリル	55
麻	49
足型	83
汗	72
アセテート	55
あたり	23
厚着	97
アパレル産業	152
亜麻	49
編物	62
綾織	60
アルカリ剤	133
アルパカ	51
アレルギー性皮膚炎	87
安全性	97
安全色彩	120
安全服	120
安全帽	82
衣	3
粋（いき）	13
衣装	3
石綿	53
衣生活	1
糸の種類	59
衣服	3
衣服圧	79
衣服気候	73
衣服丈	88
衣料	3
――の耐用年数	157
衣料障害	97
衣料廃棄	158
色	22
――の対比	117
――の目立ち	120
――の面積効果	117
――の予測	123
インターカラー	123
インダンスレン	66
インテリア	4
インド綿	48
インナーウエア	26
ウーリーナイロン	54
ウェットクリーニング	147
ウォッシュ・アンド・ウエア加工	67
薄着	97
宇宙服	112
裏布の滑り	101
上着	4
運動機能	22
運搬説	6
S撚り	60
X線CT法	42
衛生機能	22
エジプト綿	48
絵表示の禁止マーク	42
塩化カルシウム	148
演色性	116
エンパイアスタイル	10
延反	29
おしゃれ	96
おむつ	103
おむつカバー	101, 105
織物	60
温熱性発汗	72

カ

ガーター編	63
下衣	3
下衣衣服	102
外観審美性	22
快適感	74
外反母趾	84
界面活性剤	129
カウナケス	7
化学繊維	46, 53
化学防護服	111
化学レース	64
カギホック	102
角度計	40
掛け寝具	91
掛け布団	92
襲色目（かさねいろめ）	12
家蚕絹	52
カシミヤ	51
カジュアルアイテム	27
形くずれ	24
片マヒ	100
合羽	14
家庭着	15
家庭洗濯	129
カビ	148
紙おむつ	103
柄	22
軽衫（かるさん）	14
環境適応説	5
寒色	118
間接計測法	41
汗腺	72
乾燥	140
乾燥機	141

索引 171

慣用色名	114	工業用パターン	29	CIE 表色系	114
生織物	52	抗菌防臭加工	67	JIS 標準色票	114
機械レース	64	合子数	60	仕上げ加工	67
着心地	22	恒重式	59	仕上げ加工剤	87, 141
既製衣料サイズ	31	合成繊維	54, 154	シーアイランド綿	48
既製服	26	合成染料	65	色彩感情	117
キトン	7	恒長式	59	色彩計画	123
絹	51	硬・軟感	119	敷き寝具	92
基本色名	114	高粘度ジェルマット	92	色相	81, 113
基本身体寸法	31	鉱物繊維	53	識別の機能	16
起毛加工	67	鉱物染料	65	指向性指数	158
着物	3	高分子吸収剤	105	脂質分解酵素	133
着物文化	13	高齢者の衣服	95	脂質汚れ	127
吸湿吸汗加工	67	コーティング加工	67	下着	4
休養着	15	小袖	12	下取り	162
キュプラ	53	古代紫	65	失禁用パンツ	102
キュロット	8	コチニール	65	シミ	149
強弱感	119	子ども服	121	しみ抜き	144
強靱性	23	ゴム編	63	事務服	15
儀礼服	16	コルセット	8, 79	ジャケット	10
金属封鎖剤	133	コンゴーレッド	66	社交服	16
金属蒸着加工	67			斜文織	60
草木染め	65	**サ**		重衣料	26
靴	21, 82			重心動揺	83
靴下	84	サーマルリサイクル	160	羞恥説	5
靴内気候	86	再帰反射素材	121	柔軟加工	67
クラヴァット	10	材質感	22	柔軟仕上げ剤	142
車椅子	100	サイズの適合性	97	十二単	12
グレーディング	29	サイズ指数	158	縮緬	50
クロー値	76	再生繊維	53	手工レース	64
軽衣料	26	裁断	29	朱子織	60
蛍光増白剤	133	彩度	113	呪術説	6
系統色名	114	再付着防止作用	129	ジュストコール	8
毛立ち	23	裁縫前処理	29	上衣	3
毛玉	23	作業服	15, 24	障害者の被服	98
ケミカルリサイクル	160	産業革命	10	商品企画	27
ケラチン	50	三原組織	60	照明光	116
捲縮	50	3次元的測定法	41	職業服	16
検品	30	産熱	70	褥瘡	101
硬化加工	67	サンプルメーキング	27	植物繊維	48

植物染料	65	洗濯温度	136	直接計測法	39
シルエッター法	41	洗濯機	134	直接焼却	160
シルケット加工	48	洗濯時間	136	苧麻（ちょま）	49
し　わ	23	洗濯水	135	浸け置き洗い	139
寝　衣	15	洗濯用洗剤	129, 133	詰襟服	13
寝　具	91	繊　度	59	てかり	23
新合繊	55	染　法	66	デザイン	27
寝室環境	91	染　料	65	テックス	59
人体計測	39	装　飾	3	デニール	59
人体深部温	69	装飾説	6	デリケート衣料洗濯	137
身体保護説	5	双　糸	60	テンセル	55
浸透作用	129	束　帯	12	天然繊維	46
睡眠効率	90			天然染料	65
睡眠時間	89	**タ**		天然撚り	48
すすぎ	140			ドイツ硬度	135
スタイルの決定	27	体温調節	15, 70	唐衣装	12
スチームアイロン	146	体型区分表示	31	透湿性	101
ストーンウォッシュ	67	体型美	8	動物繊維	50
スポーツウエア	15	帯電防止加工	67	動物染料	65
スライディングゲージ	40	脱脂綿	48	トーン記号	115
Z撚り	60	脱　水	140	特殊加工	67
精神性発汗	72	たて編	63	塗布洗い	139
精製繊維	55	ダルマチカ	7, 8	留め具	101
静電気	101	暖　色	118	ドライアイロン	146
性能向上剤	133	単数表示	35	ドライクリーニング	147
制　服	16	短繊維	46	ドライマーク洗濯	137
西洋式軍服	13	たんぱく質分解酵素	133	トリアセテート	54
セット性	50	縮　み	23	取り扱い絵表示	42, 128
セリシン	52	チャージシステム	147	トリコット地	64
繊　維	46	着衣重量	76	ドレス	14
──の鑑別	58	着　装	16	ドレスアイテム	27
繊維製品の品質表示	42	着脱の介助	100		
繊維製品のリサイクル	162	着用区分	31	**ナ**	
繊維素分解酵素	133	着用計画	2		
繊維品の性能評価分類	18	着用者区分	31	ナイロン	55
洗剤濃度	135	虫　害	148	ナフトール	66
洗浄補助剤	133	中国綿	48	難燃加工	67
染　色	65	中性色	119	日光干し	141
染色堅牢度	23	チュニック	7	日本流行色協会	123
洗　濯	24	長繊維	46	乳化作用	129

索引　173

尿失禁	102	一重コード編	64	二子糸	60
布おむつ	103	一重デンビー編	63	布団の耐用年数	92
寝返り	92	ビニロン	55	プラスチック	160
寝心地	93	被服管理	125	フランス革命	10
熱抵抗	75	皮膚炎	88	プリーツ加工	67
ネットパンツ	106	皮膚温	71	フロック加工	67
寝床環境	91	被服環境	69	分散作用	129
練織物	52	被服重量	78	ベーシックパターン	27
農業用防護服	112	被服素材	45	ペットボトル	160
糊剤	143	被服	3	ヘルシー＆ビューティ	4
ノンレム睡眠	89	──の機能	16	ヘルメット	82
		──の生産	151	変退色	23
ハ		──の破棄	158	防炎加工	67
		──の汚れ	125	防炎性能保持	97
パール編	63	──の流通	152	防炎製品	101
パーマネント・プレス		被服費	156	防寒服	108
加工	67	皮膚障害	97	防寒帽	80
ハイヒール	83	標識説	6	防護服	108
ハイブリッドシルク	52	標準洗濯	137	帽　子	21, 80
羽織袴	13	表色系	113	帽子内温度	81
履き物	82	漂白剤	141	帽子内気候	80
発汗量	72	表面仕上げ	88	帽子表面温度	81
撥水加工	67	平　編	62	防縮加工	68
はつ油加工	67	平　織	60	防縮加工剤	87
派手・地味感	119	ピリング	23, 50	防暑効果	82
パニエ	8	ビルダー	133	防しわ加工	67
埴　輪	12	品　質	21	防しわ加工剤	87
範囲表示	35	品質保証マーク	43	防水加工	67
半合成繊維	54	ファスナー	101	防水シーツ	101
番　手	59	ファッション	4	縫　製	30
PCCS表色系	115	ファッション産業	4	防虫加工	67
ヒール高	83, 84	フィブロイン繊維	52	防虫剤	148
皮下脂肪	92	風合い	22	放　熱	70
皮下脂肪厚計	40	フェルト	64	防融加工	67
ビキューナ	51	フェルト化	51	防汚加工	67
皮　脂	73, 126	フォーム	22	保温効果	74, 110
ビスコースレーヨン	53	服	3	保　管	24, 147
直垂(ひたたれ)	12	服　飾	3, 5	母趾角	84
必記衣料寸法	31	服　装	3	ボタン	102
一重アトラス編	63	不織布	64	ポリウレタン	56

ポリエステル	55, 154	
ポリノジック	54	
ポリプロピレン	56	
ポリマー	105	

マ

マーキング	29
マーセライズ加工	67
マグネットボタン	102
枕	93
マスターパターン	29
松葉杖	100
まつわりつき	101
マテリアルリサイクル	160
マルチン式計測法	39
マンセル表色系	114
三子糸	60
水洗い不可	139
水軟化剤	133
ミセル	132
ミラニーズ地	64
麦わら帽子	82
無彩色	113
虫干し	149
明暗感	119
明度	113
メリノ種	50
メリヤス	62
綿	48
綿製品のリサイクル	163
面ファスナー	102
モアレ法	41
モーブ	65
モヘア	51
諸撚糸	60

ヤ

山羊毛	51
野蚕絹	52
UVカット機能	25
UVカット加工	67
有彩色	113
ゆとり量	88
陽イオン界面活性剤	143
容器・包装リサイクル法	159
洋装化	13
洋服	3, 14
羊毛	50
羊毛製品のリサイクル	162
浴比	137
よこ編	62
撚り	59
鎧下(よろいした)	14

ラ

らくだ毛	51
ラッシェル地	64
ラン	63
ランドリー	147
リサイクル	160
流行色	122
臨界ミセル濃度	132
レインコート	25
レース	64
レーヨン	53
レディスウエア	26
レム睡眠	89
ロインクロス	7
老人性皮膚炎乾燥症	97
鹿鳴館スタイル	13
ロマンティックスタイル	10

ワ

ワードローブ	4
和服	3, 14

〔編著者〕

大野静枝　日本女子大学名誉教授　医学博士
石井照子　元青葉学園短期大学教授

〔著　者〕（五十音順）

芦澤昌子　元日本女子大学特任教授　工学博士
工藤千草　ライオン株式会社家庭科学研究所非常勤嘱託
多田牧子　京都工芸繊維大学大学院非常勤講師
棚橋ひとみ　鎌倉女子大学・和洋女子大学非常勤講師　博士（学術）
中橋美智子　東京学芸大学名誉教授　医学博士
山村明子　東京家政学院大学教授
渡辺聰子　元山野美容芸術短期大学教授

衣生活の科学―衣生活論―

2000年（平成12年）4月20日　初版発行
2019年（令和元年）12月20日　第10刷発行

編著者　大野　静枝
　　　　石井　照子
発行者　筑紫　和男
発行所　株式会社 建帛社 KENPAKUSHA

112-0011東京都文京区千石4丁目2番15号
TEL　(03)3944-2611
FAX　(03)3946-4377
https://www.kenpakusha.co.jp/

ISBN 978-4-7679-1045-1　C3077
© 大野静枝・石井照子ほか，2000.
（定価はカバーに表示してあります）

プロスト／田部井手帳
Printed in Japan

本書の複製権・翻訳権・上映権・公衆送信権等は株式会社建帛社が保有します。

JCOPY〈出版者著作権管理機構　委託出版物〉

本書の無断複製は著作権法上での例外を除き禁じられています。複製される場合は，そのつど事前に，出版者著作権管理機構（TEL03-5244-5088, FAX 03-5244-5089, e-mail : info @ jcopy. or. jp）の許諾を得て下さい。